Nossrat Peseschkian

**Wenn du willst, was du noch nie gehabt hast,
dann tu, was du noch nie getan hast**

# HERDER spektrum
### Band 5918

Das Buch

Geschichten sind für die Seele, was Medizin für den Körper ist – diese
sinnfällige Weisheit wird in diesem Buch lebendig: Kurze Weisheitsgeschichten, aufschlussreiche Beispiele können manchmal schneller zu
einem Aha-Erlebnis führen als langwieriges Bereden und Analysieren.
Aus scheinbar festgefahrenen Situationen führt oft ein überraschender
Perspektivenwechsel – der Blick wird frei, eine Situation neu gesehen:
Der erste Schritt zur Veränderung ist getan. Nossrat Peseschkian erzählt Geschichten, die wirken, weil sie durch Lachen befreien und den
Geist lüften. Und er zeigt, warum die Positive Psychotherapie wirkt –
und wie sie wirkt, indem er kurz in deren Prinzipien einführt. Ein Buch
von einem Meister des Geschichtenerzählens und der Positiven Psychotherapie.

Der Autor

Nossrat Peseschkian, Professor Dr. med., Facharzt für Neurologie, Psychiatrie und Psychotherapie, Facharzt für Psychotherapeutische Medizin. Gründer und Leiter der Wiesbadener Akademie für Psychotherapie
und Begründer der Positiven Psychotherapie, Dozent an der Akademie
für ärztliche Fort- und Weiterbildung der Landesärztekammer Hessen. Er
wurde 1933 im Iran geboren und lebt seit 1954 in Deutschland. Intensive
Forschungs- und Lehrtätigkeit in über 60 Staaten. Träger des Richard-
Merten-Preises. Autor zahlreicher Bücher. Bei Herder Spektrum: Es ist
leicht, das Leben schwer zu nehmen. Aber schwer, es leicht zu nehmen;
Klug ist jeder. Der eine vorher, der andere nachher und: Das Leben ist ein
Paradies, zu dem wir den Schlüssel finden können.

Nossrat Peseschkian

# Wenn du willst,
# was du noch nie gehabt hast,
# dann tu,
# was du noch nie getan hast

Geschichten und Lebensweisheiten

FREIBURG · BASEL · WIEN

Gedruckt auf umweltfreundlichem,
chlorfrei gebleichtem Papier

Jubiläumsausgabe 2007

Alle Rechte vorbehalten – Printed in Germany
© Für diese Ausgabe: Verlag Herder Freiburg im Breisgau 2007
www.herder.de
Satz: Dtp-Satzservice Peter Huber, Freiburg
Herstellung: fgb · freiburger graphische betriebe 2007
www.fgb.de
Umschlaggestaltung und Konzeption:
R·M·E München/Roland Eschlbeck, Liana Tuchel
Umschlagfoto: © Corbis
ISBN 978-3-451-05918-6

# Inhalt

Leid- oder Leitfaden:
Das Leben ist zu kurz für ein langes Gesicht . . . . . 9

Der Wanderer –
Warum neue Sichtweisen weiterhelfen . . . . . . . . 14

Kleinigkeiten machen die Summe des Lebens aus –
Vom Gewicht des alltäglichen Krams . . . . . . . . . 18

Der Mensch lebt noch nicht einmal
hundert Jahr und macht sich Sorgen um tausend –
Perfektionismus kann krank machen . . . . . . . . 20

Großzügigkeit macht das Herz leichter –
Vom Geben und Nehmen . . . . . . . . . . . . . 22

Die Kunst, andere zu überzeugen –
Emotionale Intelligenz entwickeln . . . . . . . . . . 25

Die Wanderschaft zum Glück –
Ablösung als Weiterentwicklung . . . . . . . . . . . 27

Nicht alles, was rund ist, ist ein Ball –
Warum man nicht immer von sich auf andere
schließen kann . . . . . . . . . . . . . . . . . . . 34

Ein Vorurteil ist ein Urteil, das nicht durch
ein Gericht, sondern durch ein Gerücht
hervorgerufen wird –
Vorurteile haben viele Gesichter . . . . . . . . . . . 39

Wenn du eine hilfreiche Hand brauchst,
so suche sie am Ende deines eigenen Armes –
Fähigkeiten verwirklichen . . . . . . . . . . . . . . . . . 45

Was ich nicht weiß, macht mich nicht heiß! –
Die Fähigkeit, an sich und andere die richtigen
Fragen zu stellen . . . . . . . . . . . . . . . . . . . . 51

„Man ist reich, wenn es reicht" –
Die Frage nach dem Wesentlichen . . . . . . . . . . 55

Man kann auf seinem Standpunkt stehen,
aber man sollte nicht darauf sitzen bleiben –
Wenn Traditionen erstarren . . . . . . . . . . . . . . . 59

Unter den Menschen gibt es viele Kopien und
wenige Originale – Die Einzigartigkeit entdecken . . . 65

Liebe ist wie ein Glas, das zerbricht,
wenn man es zu locker oder zu fest anfasst –
Liebe und Gerechtigkeit . . . . . . . . . . . . . . . . . 71

Die Besonderheiten des Partners sehen –
Liebe braucht Pflege . . . . . . . . . . . . . . . . . . . 80

Wer andern eine Grube gräbt, fällt selbst hinein –
Warum Rache bitter schmeckt . . . . . . . . . . . . . 84

Geld ist wie ein Metall, das sowohl gut leitet
als auch gut isoliert – Geld als Ersatz . . . . . . . . . 88

Hast du was, dann bist du was –
Leistung und Selbstwertgefühl . . . . . . . . . . . . . 93

Sich vom ersten Eindruck nicht täuschen lassen –
Den anderen wirklich sehen . . . . . . . . . . . . . . . 98

Positive Psychotherapie: Eine Ganzheitsmodell
im Rahmen der Erziehung, Selbsthilfe und
Psychotherapie . . . . . . . . . . . . . . . . . . . . . 103

Die Bedeutung von Geschichten, Lebensweisheiten
und Humor im Alltagsleben . . . . . . . . . . . . . . 119

Sammle die hellen Stunden für die dunkle Zeit
des Lebens . . . . . . . . . . . . . . . . . . . . . . . 124

Dank . . . . . . . . . . . . . . . . . . . . . . . . . 126

Literatur . . . . . . . . . . . . . . . . . . . . . . . 127

## Leid- oder Leitfaden:
## Das Leben ist zu kurz für ein langes Gesicht

1. *Szene: Ich gehe die Straße entlang.*
   *Da ist ein tiefes Loch im Gehsteig.*
   *Ich falle hinein.*
   *Ich bin verloren . . . Ich bin ohne Hoffnung.*
   *Es ist nicht meine Schuld.*
   *Es dauert endlos, wieder herauszukommen.*

2. *Szene: Ich gehe dieselbe Straße entlang.*
   *Da ist ein tiefes Loch im Gehsteig.*
   *Ich tue so, als sähe ich es nicht.*
   *Ich falle wieder hinein.*
   *Ich kann nicht glauben, schon wieder*
   *am gleichen Ort zu sein.*
   *Aber es ist nicht meine Schuld.*
   *Immer noch dauert es lange, herauszukommen.*

3. *Szene: Ich gehe dieselbe Straße entlang.*
   *Da ist ein tiefes Loch im Gehsteig.*
   *Ich sehe es.*
   *Ich falle immer noch hinein . . . aus Gewohnheit.*
   *Meine Augen sind offen.*
   *Ich weiß, wo ich bin.*
   *Es ist meine eigene Schuld.*
   *Ich komme sofort heraus.*

4. *Szene: Ich gehe dieselbe Straße entlang.*
   *Da ist ein tiefes Loch im Gehsteig.*
   *Ich gehe darum herum.*

5. *Szene: Ich gehe eine andere Straße.*

„Wenn du willst, was du noch nie gehabt hast, dann tu, was du noch nie getan hast." Dieses Motto der Positiven Psychotherapie wird in diesem Buch immer wieder anschaulich: In der Geschichte vom Wanderer, die sich wie ein roter Faden durch dieses Buch zieht und in den vielen Reaktionen von Menschen, denen ich diese Geschichte erzählt habe und deren Fallbeispiele in dieses Buch eingegangen sind.

Meine Erfahrung aus langjähriger psychotherapeutischer Arbeit ist: Menschen fühlen sich überfordert, wenn sie mit abstrakten Konzepten und Theorien konfrontiert werden. Da die Psychotherapie sich aber nicht nur unter Fachleuten abspielt, sondern vor allem eine Brücke zu den Patienten, den Nicht-Fachleuten, darstellt, steht sie in besonderem Maße unter dem Gebot, verständlich zu sein. Eine Verständnishilfe ist das Beispiel, die Geschichte, das sprachliche Bild, Dichtungen, Lebensweisheiten, Witze etc. Obwohl die Früchte im europäischen Okzident reiften, wurzelt der Bau, der sie trug, im persischen Orient, der Heimat meiner Geburt und Jugend. So stellen dieses Buch und – wie ich hoffe – meine psychotherapeutische Tätigkeit den Versuch dar, die Erkenntnisse des Orients mit den Fortschritten des Okzidents zu vereinen. Ich bin mir bewusst, dass ein solcher Versuch von seinem Ansatz her viele Probleme in sich birgt. Dennoch halte ich ihn gerade in einer Zeit, in der die geografischen Entfernungen aufgehoben werden, für nützlich, wenn nicht gar für notwendig. Die Geschichten, die ich den einzelnen Kapiteln vorangestellt habe, sind – sofern nicht anders vermerkt — von mir erfunden oder variieren Erzählungen aus der reichen orientalischen Tradition.

**Eigene Erfahrungen sind teuer; fremde Erfahrungen sind kostbar.**

In den Geschichten und Lebensweisheiten werden folgende drei Prinzipien der Positiven Psychotherapie wirksam:

- das Prinzip der Hoffnung,
- das Prinzip der Balance,
- das Prinzip der Beratung.

Der Begriff des Positiven leitet sich vom lateinischen „positum" ab, das bedeutet: das „Tatsächliche", das „Vorgegebene". Tatsächlich und vorgegeben sind nicht nur Störungen, Krankheiten, Konflikte und Vorurteile, sondern auch die Fähigkeiten, die Möglichkeiten der Konfliktverarbeitung und die Chance, sich gegenseitig kennen zu lernen und zusammen statt gegeneinander zu arbeiten.

Ziel der Geschichte „Der Wanderer", die ich schon in meinem ersten Buch erzählt habe, war zunächst, Erlebnisse, Erfahrungen und Probleme von Patienten bildhaft darzustellen und auf die Notwendigkeit hinzuweisen, dass der „Wanderer" – bzw. der „Leid-Tragende – auf die Hilfe anderer Menschen angewiesen ist, um seine „blinden Flecken" zu erkennen, alte Gewohnheiten nach und nach abzuwerfen und neue Verhaltensweisen auszuprobieren.

Dann wurde mir als „Wanderer zwischen zwei Kulturen" bewusst, dass jeder von uns ein „Wanderer" ist. Weiter wurde mir bewusst, dass das Motiv des „Wanderers" in vielen Kulturen, Philosophien, Religionen, Weltanschauungen und Dichtungen eine wichtige Rolle spielt. Das Wort „bewandert" meint: aus eigener Erfahrung kennen. „Wandern", englisch „to wander", bedeutet eigentlich: hin und her gehen, irgendwo hingehen, seinen Standort ändern.

**Man kann auf seinem Standpunkt stehen, aber man sollte nicht darauf sitzen bleiben.**

Jedes Thema in diesem Buch beginnt mit einer Geschichte und einer Lebensweisheit. Durch das bildhafte Denken auf der „rechten Hirnhälfte" wird das Tor zur Phantasie geöffnet.

Um den Schritt vom Allgemeinen zum Besonderen zu erleichtern, bringe ich Fallbeispiele aus der psychotherapeutischen, medizinischen, familientherapeutischen Praxis und aus dem Alltagsleben. Zunächst werden einige Fallbeispiele im Zusammenhang mit dem „Wanderer" kurz dargestellt. Die übrigen Fallbeispiele sind ausführlicher, so dass es dem Leser leicht fällt, Bewältigungsstrategien unter Berücksichtigung der Geschichte des Wanderers und anderer Geschichten, Lebensweisheiten, Erklärungen und speziellen Fragen zu den entsprechenden Fallbeispielen zu entwickeln. Der Leser kann diese Geschichten selbst interpretieren, versuchen herauszufinden, was sie ihm zu sagen haben, und seine Deutungen mit seinem Partner, seiner Familie oder anderen Menschen austauschen und das Gespräch darüber als einen Weg zur Selbsterfahrung wahrnehmen.

Die folgenden „Erklärungen" sprechen die „linke Hirnhälfte" an. Es geht hier vor allem darum, Hintergründe und Motive des Handelnden herauszuarbeiten, um die Bedeutung von Krisen und Chancen, Licht- und Schattenseiten, Störungen und Fähigkeiten zu erfassen: „Wer fragt, der führt dich."

Die Hinweise, die Sie unter „Zielerweiterung" finden, sollen dazu dienen, eigene Sichtweisen durch neue Gesichtspunkte – auch aus anderen Kulturen – zu erweitern. Das Aufarbeiten von Problemen, Beschwerden und Krisen spielt eine wichtige Rolle:

– für die psychische und körperliche Gesundheit,
– für den Beruf,
– für die Familie,
– für die Zukunft, die auch Fragen nach dem Weltfrieden, dem Sinn des Lebens und dem Leben nach dem Tod umfasst.

Nicht zuletzt kann dieses Buch durch den in manchen Geschichten und Lebensweisheiten enthaltenen Humor zur Oase der Entspannung werden. Ich konnte immer wieder die Erfahrung machen, dass Geschichten etwas Abenteuerliches, Unberechenbares an sich haben. Gedankengänge, Wünsche und Vorstellungen, die uns vertraut und gewohnt sind, erscheinen plötzlich in einem anderen Licht; vieles wird auf den Kopf gestellt.

**Zum Lernen ist es nie zu früh und nie zu spät;
es ist immer höchste Zeit.**

## Der Wanderer –
## Warum neue Sichtweisen weiterhelfen

In der persischen Mystik wird von einem Wanderer erzählt, der mühselig auf einer scheinbar endlos langen Straße entlangzog. Er war über und über mit Lasten behangen. Ächzend und stöhnend bewegte er sich Schritt für Schritt vorwärts, beklagte sein hartes Schicksal und die Müdigkeit, die ihn quälte. Auf seinem Weg begegnete ihm in der glühenden Mittagshitze ein Bauer. Der fragte ihn: „Oh müder Wanderer, warum belastest du dich mit diesen Felsbrocken?" – „Zu dumm", antwortete der Wanderer, „aber ich hatte sie bisher noch nicht bemerkt." Darauf warf er die Brocken weit weg und fühlte sich viel leichter. Wiederum kam ihm nach einer langen Wegstrecke ein Bauer entgegen, der sich erkundigte: „Sag, müder Wanderer, warum plagst du dich mit einem halbfaulen Kürbis auf dem Kopf und schleppst an Ketten so schwere Eisengewichte hinter dir her?" Es antwortete der Wanderer: „Ich bin sehr froh, dass du mich darauf aufmerksam machst; ich habe nicht gewusst, was ich mir damit antue." Er schüttelte die Ketten ab und zerschmetterte den Kürbis im Straßengraben. Wieder fühlte er sich leichter. Doch je weiter er ging, um so mehr begann er wieder zu leiden. Ein Bauer, der vom Feld kam, betrachtete den Wanderer erstaunt: „Oh guter Mann, du trägst Sand in deinem Rucksack, doch was du in weiter Ferne siehst, ist mehr Sand, als du jemals tragen könntest. Und wie groß ist dein Wasserschlauch – als wolltest du die Wüste Kawir durchwandern. Dabei fließt neben dir ein klarer Fluss, der deinen Weg noch weit begleiten wird!" „Dank dir, Bauer, jetzt merke ich, was ich mit mir herumgeschleppt habe." Mit diesen Worten riss der Wanderer den Wasserschlauch auf, dessen brackiges Wasser auf dem Weg versickerte, und füllte mit dem Sand aus *dem Rucksack ein Schlagloch. Er blickte an sich herab, sah den schweren Mühlstein an seinem Hals und merkte plötzlich, dass der Stein es war, der ihn noch so gebückt gehen ließ. Er band ihn los und warf ihn, soweit er konnte, in den Fluss hinab. Frei von seinen Lasten wanderte er durch die Abendkühle, eine Herberge zu finden.*

Ein 51-jähriger depressiver Patient las die „Geschichte auf dem Weg". In der nächsten Sitzung war der Patient ganz aufgeregt. Er sprudelte eine Unzahl von Erlebnissen und Gewohnheiten hervor, die er als Belastungen empfinde: „Ein Rat in meiner eigenen Erziehung war immer: Sei sparsam! Und das kriecht mir bis heute nach. Bei meinem Wunsch, sparsam zu sein, mache ich so viel Mist, dass mir diese Form der Sparsamkeit letztendlich noch teurer kommt. Ein Beispiel: Ich gehe in den Keller, um etwas aus meiner Bastelbude zu holen, mache aber aus Sparsamkeit nur das Treppenlicht an und suche in der halbdunklen Bastelbude nach einem Gegenstand, finde ihn aber nicht. Dann mache ich das Licht an und finde das Gesuchte sofort. Die übertriebene Sparsamkeit hat somit nur unnötige Zeit und Nerven gekostet. Auch der Grundsatz: ,Sei vorsichtig und denke an Sicherheit!' ist für mich immer ein Ballast. Aus Angst, es könnte etwas schief gehen, wage ich mich, obwohl handwerklich begabt, nicht an den Umbau eines Schrankes heran. Ich schiebe die Arbeit dauernd vor mir her und fühle mich dadurch ziemlich belastet. Nach einiger Zeit beginne ich dann doch mit der Arbeit, und es gelingt mir sehr gut, den Umbau auszuführen. Nachträglich habe ich das Gefühl, dass mein übertriebenes Sicherheitsbedürfnis und die Angst, etwas falsch oder kaputtzumachen, beinahe das Gleiche ist wie der verfaulte Kürbis auf dem Kopf des Wanderers. Aber mir ist es schon aus eigener Kraft gelungen, mit der einen oder anderen Belastung fertig zu werden, und ich bin sehr stolz darauf. Beim Bau unseres Hauses waren meine Eltern entsetzt, da ich die finanziellen Lasten kaum tragen konnte. Immer wieder sagten sie zu mir: ‚Geh auf Sicherheit!' Aber ich hatte Mut, und meine Arbeitskraft und die Hilfe meiner Frau machten es möglich, dass wir auch diesen Weg erfolgreich bis zum Ziel durchgestanden haben. Das Haus ist jetzt gebaut, und die Schulden sind bis auf wenige Hypotheken zurückbezahlt. Trotzdem trage ich noch Lasten, die wie Steine und Ketten an mir hängen, die ich aber zum Teil schon erkannt habe und ablegen möchte wie der Wanderer auf seinem Weg."

Die Botschaft von „Der Wanderer" liegt klar auf der Hand: Es sind oft die Dinge, die Menschen belasten, die man gar nicht sieht oder spürt. Mühselig auf einer scheinbar endlos erscheinenden Straße (des Lebens) entlangzuziehen, scheint die Hauptbeschäftigung vieler Menschen zu sein. Erst Personen, denen man auf diesem Weg begegnet, können bewirken, dass sich etwas ändert, denn sie sehen die Belastungen mit anderen, offenen Augen. Der Betreffende schleppt sich schon so lange damit ab. Oft ist es so, dass sich die Lasten mit der Länge des Weges summieren. Ein Stein kommt zum anderen, und die Menschen merken nicht, wie schwer ihnen die Last wird. Sie merken nur die Müdigkeit und Lustlosigkeit. Unbeweglich werden sie durch die Ketten, die da sind, aber für sie unsichtbar. Dazu kommt, dass Menschen Dinge bewahren und pflegen, die sie zu brauchen meinen. Der Wanderer hatte Sand dabei und Wasser. Beides musste er tragen und ertragen, obwohl diese Dinge reichlich in seiner Nähe vorhanden waren. Befreit von dem Zwang, Dinge bei sich zu tragen, die er jederzeit auch anderswo bekommen könnte, hat der Wanderer sich dann auch von seiner größten Last, dem Mühlstein, befreien können. Der Mühlstein ließ den Wanderer gebückt gehen. Er war also kein „aufrechter Mensch", oder er hat es nicht sein können. Nicht aufrecht oder auch selbstbewusst und ehrlich sein zu können, ist natürlich auch eine Schwierigkeit im Umgang mit sich selbst und anderen Menschen. Die Menschen machen sich (und anderen) etwas vor und sind damit blind für die Dinge, die sie belasten.

Der Wanderer musste nur auf die Belastungen aufmerksam gemacht werden, dann konnte er sie erkennen und ohne Schwierigkeiten ablegen. Es wäre schön, wenn Menschen öfter miteinander so gut umgehen, dass sie sich gegenseitig helfen können.

## Kleinigkeiten machen die Summe des Lebens aus –
## Vom Gewicht des alltäglichen Krams

### Der gerechte Preis

*Als der König Anowschirwan mit seinem Gefolge durchs
Land zog, geriet er in eine einsame Berggegend, in der nicht
einmal die armseligen Hütten der Schafhirten standen. Der
Koch des Königs lamentierte: Erhabener Sultan! Ich bin dazu
da, deinen Gaumen zu erfreuen. Nun findet sich im Küchen-
zelt auch nicht das kleinste Körnchen Salz, ohne das jede
Speise abscheulich und fad schmeckt. Erhabener Sultan, was
soll ich tun? Anowschirwan erwiderte: Gehe zurück in das
nächste Dorf. Dort findest du einen Händler, der auch Salz
feilbietet. Achte darauf, dass du den richtigen Preis zahlst,
nicht über das Übliche hinaus. Erhabener Sultan, antwortete
der Koch, in deinen Truhen liegt mehr Gold als irgendwo
sonst in der Welt. Was würde es dir ausmachen, wenn ich
ein bisschen teurer einkaufe? Die Kleinigkeit macht es doch
nicht! Der König blickte ernst: Gerade die Kleinigkeiten sind
es, aus denen sich die Ungerechtigkeiten der Welt entwickeln. Kleinigkeiten sind wie Tropfen, die schließlich doch
einen ganzen See füllen. Die großen Ungerechtigkeiten der
Welt haben als Kleinigkeiten begonnen. Geh also und kaufe
das Salz zum üblichen Preis. (Persische Geschichte)*

Ein 45-jähriger Techniker mit psychosomatischen Beschwerden berichtet:

„Was bedeutet die Geschichte „Der Wanderer" für meine
eigene Lebenssituation?

Ich finde eine Bestätigung darin, dass es wichtig ist, sich
mit „guten" Menschen, die mit dem Herzen sehen können,
zu unterhalten. Ich finde, es dauert auch bei mir lange,
bis ich selbst erkennen kann, was mich belastet, allerdings

laufe ich nicht immer mühselig und beladen umher, sondern suche mir zwischendurch immer mal ein kühles Plätzchen. Wie man sagt: „Ich sorge für mich", schaffe ich mir positive, angenehme Erlebnisse.

Ich kann auch derjenige sein, der dem Wanderer entgegenkommt und ihn auf seine „Mühlsteine" hinweist. Von den eigenen Belastungen Abschied zu nehmen, fällt mir manchmal schwer. Es gibt so etwas wie die „unerträgliche Leichtigkeit des Seins" (Milan Kundera) in mir: so, als würde ich mir die schweren Dinge des Lebens selbst aussuchen, um dann festzustellen, dass sie zu schwer für mich sind. Insbesondere partnerschaftliche Beziehungen sind hier gemeint. Allerdings habe ich aktuell diese partnerschaftlichen Belastungen abgelegt und es geht mir gut dabei. Auch hier gilt der Vergleich aus der Geschichte: Man braucht kein Brackwasser mit sich herumzutragen, wenn daneben ein kühler, klarer Bach fließt."

**Kleine Taten verändern die Welt.**

**Ist man in kleinen Dingen nicht geduldig, bringt man die großen Vorhaben zum Scheitern.**

**Besser ein kleines Feuer, das dich warm macht, als ein großes, das dich verbrennt.**

# Der Mensch lebt noch nicht einmal hundert Jahr und macht sich Sorgen um tausend – Perfektionismus kann krank machen

## Das vollkommene Kamel

*Vier Gelehrte zogen vor Jahren mit einer Karawane durch die Wüste Kawir. Am Abend saßen sie an einem großen Feuer zusammen und sprachen über ihre Erlebnisse. Voller Lob waren alle über die Kamele, deren Genügsamkeit sie erstaunte, deren Kraft sie bewunderten und deren bescheidene Geduld für sie fast unverständlich war. „Wir sind Meister der Feder", sprach der eine. „Lasst uns zu Lob und Ehren des Kamels etwas über dieses Tier schreiben oder zeichnen." Mit diesen Worten nahm er eine Pergamentrolle und begab sich in ein durch Öllampen erleuchtetes Zelt. Nach wenigen Minuten kam er heraus und zeigte sein Werk seinen drei Freunden. Er hatte ein Kamel gezeichnet, wie es sich gerade aus seiner Ruhelage erhob. Das Kamel war so gut getroffen, dass man fast denken konnte, es lebe. Der nächste ging in das Zelt und kam bald wieder heraus. Er brachte eine kurze sachliche Darstellung über den Nutzen, den Kamele für die Karawane brächten. Der dritte schrieb ein bezauberndes Gedicht. Da begab sich schließlich der vierte in das Zelt und verbot den anderen, ihn zu stören. Nach einigen Stunden, das Feuer war längst herabgebrannt und die Gefährten schliefen, hörte man immer noch das Kratzen der Feder und monotonen Gesang aus dem schwach erleuchteten Zelt. Am nächsten Tag warteten sie genauso vergeblich wie am zweiten und am dritten Tag auf ihren Gefährten. So wie die Felswand sich hinter Aladin geschlossen hatte, so verbarg das Zelt den vierten Gelehrten. Endlich am fünften Tag lüftete sich der Zelteingang und der Fleißigste aller Fleißigen trat heraus: Übernächtigt, mit tiefen, schwarz geränderten Augen und eingefallenen Wangen. Das Kinn war von Bartstoppeln um-*

rahmt. *Mit müden Schritten und einem Gesichtsausdruck, als hätte er grüne Zitronen gegessen, kam er auf die anderen zu. Überdrüssig warf er ihnen ein Bündel Pergamentrollen auf den Teppich. Auf der Außenseite der ersten Rolle stand groß und breit "Das vollkommene Kamel, oder: Wie ein Kamel sein sollte …"*

Ein 37-jährigen Sachbearbeiter mit Zwängen auf der Basis einer überhöhten Ordnung und Genauigkeit berichtet, wie die Geschichte „Der Wanderer" auf ihn gewirkt hat:

„Im ersten Moment denke ich, wie kann man nur so viel mit sich herumschleppen. Aber dann kommt mir der Gedanke, wie viele Menschen sich mit soviel Last das Leben schwer machen, ohne es zu wissen. Ich glaube, ich lade mir auch zu viel Ballast und Last auf.

Auch in meinem Leben haben mir schon einige Menschen gesagt, dass ich mich zu sehr mit Lasten belade. Ich sehe das zwar ein, schaffe es jedoch nicht, mich emotional davon zu lösen. Ich mache mir immer wieder Sorgen um meinen Sohn, unser Geschäft usw. Ich würde sehr gerne handeln wie der Wanderer und Lasten einfach abwerfen, um dann angst- und sorgenfrei zu leben und mein Leben einfach zu genießen."

**Das Leben hat ein Ende, der Kummer nicht. (J. Jol)**

**Ein kluger Mensch macht nicht alle
seine Fehler alleine, sondern er gibt auch anderen
eine Chance. (Winston Churchill)**

## Großzügigkeit macht das Herz leichter –
## Vom Geben und Nehmen

### Der geizige Gastgeber

*Ein Besucher hatte einen langen Weg hinter sich. Nun war er da und ihm wurde nichts angeboten. Der Gastgeber lud ihn nicht zum Essen ein und erklärte, dass seine Vorräte leer seien. Der Besucher, der aus dem Fenster in den Garten schaute und dort die reiche Ernste sah und dann auch das Federvieh auf dem Hof erblickte, fragte seinen Gastgeber, wie hoch der Lohn für einen Metzger sei. Er habe vor, sein Pferd zu schlachten und damit ein nahrhaftes Essen für alle zuzubereiten. „Wie willst du dann nach Hause zurückkehren?", fragte ihn sein Gastgeber. „Mit deiner Erlaubnis, mein Freund", antwortete er, „ich werde eine deiner Enten oder eines deiner Hühner leihen und damit zurückreiten."*

Eine 38-jährige Frau mit Depression auf der Basis einer Sparsamkeitsproblematik erzählt:

„Die Geschichte des Wanderers will uns zeigen, wie viele unnütze Lasten wir mit uns herumtragen. Sie zeigt uns auch, wie schwer es für den Wanderer (für uns selber) ist, diese Lasten zu erkennen und beim Namen zu nennen. Immer wieder müssen Menschen von außen kommen, um ihn darauf hinzuweisen.

Die Geschichte zeigt auch eine innere Wandlung des Wanderers an.

Als Erstes der Felsbrocken: Er sieht nur sein hartes, qualvolles Leben. Vielleicht kann er sich gerade nur auf seinen nächsten Schritt konzentrieren. Alles, was um ihn herum ist, nimmt er nicht wahr. Der Felsbrocken ist für den Außenstehenden leicht sichtbar, und darauf aufmerksam gemacht, ist es für den Wanderer ein Leichtes, ihn wegzuwerfen. Er fühlt sich vorerst leichter: Er hat etwas aus seinem äußeren Umfeld, was keine Bedeutung hatte, abgeworfen.

Als Zweites der angefaulte Kürbis und die schweren Eisengewichte: Wiederum bedarf es eines Menschen von außen, der den Wanderer auf seine Lasten aufmerksam macht. Waren diese Dinge für den Wanderer einst von Bedeutung? Der Kürbis ist gewachsen, die Ketten haben ihn an etwas gebunden, was für ihn wertvoll war. Darauf aufmerksam gemacht, welche Last diese Dinge für ihn sind, sieht er schon ein wenig in sich hinein und gesteht, es nicht gewusst zu haben, was er sich damit antut. Das Ablegen der Last kann schon nicht mehr dadurch geschehen, dass er sie im hohen Bogen von sich wirft, sondern er muss die Ketten abschütteln und den Kürbis zerschmettern. Das geschieht sehr viel bewusster als beim ersten Mal.

Als Drittes der Rucksack voll Sand und der Wasserschlauch: Es sind Dinge, die dem Wanderer wichtig sind. Das Wasser ist in gewissen Situationen notwendig zum Überleben. Auch hier bedarf es einer Person von außen, die den Wanderer darauf hinweist, wie unnütz diese Dinge im Augenblick sind. Den Sand, der rundherum zu Genüge liegt, braucht er nicht mit sich herumzuschleppen, den sollte er besser nutzen, Löcher zu füllen. Und das Wasser im Schlauch wird nur brackig. Dabei gibt es genügend frisches Wasser. Er muss nur seinen Blick auf seine Umwelt, seine Umgebung richten, um das zu erkennen. Dann kann er vertrauen, im Leben alle Dinge zur rechten Zeit zu haben. In dem Augenblick, wo er das kann, ist auch sein Blick für den schweren Mühlstein an seinem Hals frei, den er ohne fremde Hilfe erkennen kann. Sein Blick wird frei für das Wesentliche und er wandert ohne Lasten in den Abend. Er öffnet sein Herz und nimmt seine Umwelt wahr.

Mein Ziel ist es, um nichts mehr kämpfen zu müssen, mich anderen gegenüber nicht rechtfertigen und behaupten zu müssen."

> Die Welt ist ein schönes Buch,
> aber es nützt dem wenig,
> der nicht darin zu lesen weiß.
> (Carlo Goldoni)

# Die Kunst, andere zu überzeugen – Emotionale Intelligenz entwickeln

## Die Kraft der Überzeugung

*Auf einer Reise legten Konfuzius und seine Begleiter eine Pause ein. Ein Pferd aus dem Tross lief weg und begann, auf dem Feld eines Bauern zu grasen. Der Bauer ärgerte sich darüber und hielt das Pferd bei sich zurück. Ein Schüler von Konfuzius, ein Gelehrter auf dem Gebiet des Überzeugens, meldete sich freiwillig, um zu dem Bauern zu gehen. Er hielt vor diesem eine bewegende Ansprache. Der Bauer aber schenkte ihm keine Beachtung. Ein einfacher Mann, der seit kurzem mit auf der Reise war, bat Konfuzius: „Lass mich die Aufgabe übernehmen." Er sagte zu dem Bauern, „Du hast dein Land hier im Westen und wir haben unseres im Osten. Wenn du zu uns in den Osten kommst, wo du kein Land hast, darf dein Pferd auf unserem Land weiden. Wenn wir in den Westen kommen, wo wir kein Land haben, wo kann dann unser Pferd grasen, wenn es nicht auf dein Feld darf?" Als der Bauer das hörte, war er begeistert. Er sagte: „Klar und einfach zu reden, das ist die rechte Art und nicht so wie der Mann vorher." Das Pferd durfte zurückkehren. (Bearbeitet von Nossrat Peseschkian)*

Ein 48-jähriger Manager, der unter Ängsten litt, emotional überfordert war und immer wieder Schwierigkeiten hatte, im Team zu arbeiten oder die Mitarbeiter zu überzeugen:

„In der Geschichte fühle ich mich wie der Wanderer auf einer endlos langen Straße ohne Ziel. Voller Lasten und Felsbrocken musste der Wanderer diesen Weg meistern und die Lasten, die er dabei hatte, erkannte er nicht! So war es auch bei mir: Als meine Oma an Weihnachten starb, war mein Vater wenig später wieder im Krankenhaus und Mama war fast allein mit meiner Erziehung beschäftigt.

Also fehlte mein Daddy und ich hatte nur noch einen, der mich erzog. Früher erzog mich meine Oma mit, doch nach deren Tod war es nur noch Mama. Und mein Daddy hatte eine Krankheit, die immer wieder kommt und nicht wieder vergeht. Dann kam in den letzten beiden Schuljahren noch der Schuldruck und der ewige Krach in unserer Klasse und mit meinem Vater hinzu. In meiner Klasse war jeder ein Einzelkämpfer und jeder kämpfte gegen jeden. Meine Freunde stammten alle aus Parallelklassen, außer meinem besten Freund Helmut. Sein Vater war auch krank, und so hatten wir schon einiges gemeinsam.

Und der Wanderer schleppte Sand mit sich, aber die Wüste ist voller Sand, weiterhin schleppte er einen Wasserschlauch mit sich, doch da floss ein Fluss. Der Sand und der Fluss sind meine fünf Freunde, die ich mir in den letzten Schuljahren zusammensuchte. Mit diesen Freunden konnte man reden und somit einiges auf sie abladen.

Nun hatte der Wanderer noch einen Mühlstein am Hals, der ihn immer noch gebückt gehen ließ. Der Mühlstein ist bei mir die Angst, dass alles wiederkommt, aber so wie der Wanderer mache ich mich auf den Weg, eine Herberge zu finden (als Ziel). Meine Herberge ist, Ergotherapeut zu werden."

Es tat dem Patienten gut, dass seine Leistung durch den Therapeuten anerkannt wurde. Erst nachdem seine persönliche Leistung bestätigt war und er sich dieser Anerkennung sicher fühlen konnte, war er in der Lage, Schritt für Schritt weiterzugehen. Die Aufarbeitung war für ihn nicht mehr nur negativ, sondern ein Schritt auf den Weg zu eigenen Interessen und neuen Zielen.

**Es ist eine Kunst, einen Kuchen so zu verteilen,
dass jeder meint, das größte Stück bekommen zu haben.**

# Die Wanderschaft zum Glück –
## Ablösung als Weiterentwicklung

Es war einmal ein Junge. Er hieß Hans. Hans war immer lieb zu den Menschen, deshalb schenkte ihm ein Mann eines Tages einen Klumpen Gold. Hans war glücklich und wanderte nach Hause.

*(Erste Strophe: „Das Wandern ist des Müllers Lust ...")*

Auf dem Heimweg traf er einen Reiter mit Pferd. Der Reiter sagte: „Das Pferd ist wertvoll. Damit kannst du über Stock und Stein reiten, kommst so schnell wie das Wasser voran und brauchst nicht zu wandern!" Hans tauschte den Goldklumpen gegen das Pferd und war froh, nicht mehr wandern zu müssen.

*(Zweite + dritte Strophe: „Vom Wasser haben wir's gelernt ...")*

Hans war so schnell wie das Wasser und der Wind. Da begegnete er einem Bauern mit einer Kuh. Der Bauer sprach: „Ei, Hans, warum so schnell? Ich gebe dir die Kuh. Sie gibt Milch. Du kannst daraus in aller Ruhe Käse machen. Gib mir nur dein Pferd dafür. Du wirst sehen, mit einer Kuh ist alles gemütlicher!" Hans tauschte das Pferd gegen die Kuh, und nun wanderte er wieder ganz langsam und gemütlich, wie Steine wandern.

*(Vierte Strophe: „Die Steine selbst . . .")*

Ein kleines Stück gegangen, traf Hans einen Mann mit einer Schleifmaschine. Damit machte er für die Leute Scheren und Messer scharf. Der Schleifer sah ihn und sagte: „Mensch, Hans, ich tausche mit dir. Nimm meine Schleifmaschine. Damit verdienst du viel Geld!" Hans tauschte und war sehr froh. Aber während des Wanderns drückte ihm die Schleifmaschine schwer auf die Schultern. So setzte er sich an einen Brunnen und machte Pause. Da geschah es: Die Schleifmaschine fiel Hans in den Brunnen. Nun hatte er gar nichts mehr. Trotzdem war Hans froh und sagte zu sich: „Ach, ist das schön, nichts mehr zu haben! Jetzt kann ich frohgemut zu meiner Mutter nach Hause wandern." Pfeifend und singend wanderte er weiter.

(Letzte Strophe: „O Wandern, Wandern, meine Lust ...")

Endlich kam er zu seiner Mutter. Die schloss ihn in die Arme und sagte: „Lieber Hans, bleib bei mir! Geh nicht mehr so weit weg!" Sie umarmten sich und waren glücklich bis an ihr Lebensende. (Nach Grimm)

Eine 35-jährige Frau lebt mit ihrer 62-jährigen Mutter zusammen. Bei der Tochter wurde von manchen Fachleuten die Diagnose Schizophrenie gestellt. Seit Jahren steht sie unter medikamentöser Behandlung. Die Lebensgeschichte zeigt, dass die Patientin trotz ausreichender Intelligenz keinen Beruf gelernt hat. Stattdessen half sie der Mutter immer im Haushalt. Zwischen Mutter und Tochter bestand eine verschworene Gemeinschaft, seitdem sich der Vater vor 28 Jahren von der Familie getrennt hatte. Die Mutter hatte ihrer Tochter immer alle Schwierigkeiten aus dem Weg geräumt, sie aber zugleich an ihrer eigenständigen Entwicklung gehindert. Die Mutter ist sehr intelligent und resolut. Ein Ausschnitt aus einem Dialog zwischen Mutter und Tochter:

Mutter: „Komm, das Essen ist fertig."
Tochter: „Ja, Mutti, ich komme."
Tochter: „Mutti, es schmeckt sehr gut."
Mutter: „Dann iss doch!"

Zwei Tage später:
Mutter: „Du bist in der letzten Zeit richtig dick geworden, beinahe hässlich siehst du aus. So wie du aussiehst, bekommst du keinen Mann. Mit einem Beruf draußen wird es bei deinem Aussehen auch nicht so leicht klappen."
Tochter: „Ja, Mutti, du hast recht."

Am darauf folgenden Tag:
Mutter: „Komm, das Essen ist fertig."
Tochter isst einige Löffel, legt dann den Löffel weg.
Mutter: „Warum isst du nicht, das schmeckt dir wohl nicht."
Tochter: „Nein, ich bin zu dick, ich will abnehmen."
Mutter: „Du bist frech und undankbar. Warum hast du dir die Haare nicht gekämmt?"
Tochter: „Ich sagte dir, ich will abnehmen. Du kannst mich nicht überreden."
Mutter weint, greift sich ans Herz, atmet schwer: „Ich bin am Ende, ich bin am Ende."

Die Tochter bemüht sich um die Mutter und isst, nachdem sich die Mutter beruhigt hat, den ganzen Teller leer. An den darauf folgenden Tagen isst die Tochter gut, dass die Mutter keinen Grund hat, sich zu beschweren. Sie ist gehorsam. Jedes Mal, wenn die Tochter versucht, ihren Willen gegen die Anordnungen der Mutter durchzusetzen, sucht die Mutter die Flucht in die Krankheit im gleichen Stil wie im oben beschriebenen Dialog. In dem Dialog wird offenkundig, dass die Handlungsweisen der Mutter (sie möchte für das leibliche Wohl der Tochter sorgen) gut gemeint sind. Dieser gute Wille erscheint jedoch eingeschränkt durch andere Tendenzen, die für beide Betroffene unbewusst sind.

Bei der Mutter kommen folgende Tendenzen ins Spiel:
Sie möchte die Tochter für sich behalten, zumal die anderen beiden Töchter an einem anderen Ort wohnen. Die Abmagerungsversuche der Tochter mussten von diesem Gesichtspunkt als der Versuch gesehen werden, einen Mann

zu finden oder einen Beruf zu ergreifen, mit anderen Worten, sich aus der Enge der Beziehung zur Mutter zu lösen. Das Zurückweisen der Nahrung wurde von der Mutter so aufgefasst, als wäre sie selber zurückgewiesen worden. Um dem zu begegnen, musste die Tochter wieder dazu gebracht werden, so viel wie möglich zu essen, wodurch wiederum die objektive Abhängigkeit von der Mutter verstärkt wurde. Hier zeigen sich unter der guten Absicht der Mutter tiefer liegende unerfüllte Wünsche, Erwartungen, Ängste und Aggressionen. Es bestand der Wunsch, nicht allein und verlassen zu sein. Zugleich sollte die Tochter das tun, was die Mutter sich wünschte und wie sie es sich vorgestellt hatte.

Nichts führt daran vorbei, dass man zeitlebens Kind seiner Eltern bleibt. Dies ist ein natürlicher und unumgänglicher Zusammenhang. Oft verbirgt sich dahinter aber noch etwas anderes: Das Kind wird von seinen Eltern auch dann noch als Kind angesehen und bevormundet, wenn es längst Jugendlicher oder Erwachsener ist. Die mit dem jeweiligen Entwicklungsstand zunehmende Selbständigkeit wird gern von den Eltern ignoriert. Jeder Mensch benötigt Zeit für seine Entwicklung. Er braucht sie für seine körperliche Reifung, seine seelische Differenzierung und die Entfaltung im sozialen Zusammenleben. Umgekehrt fordert man von ihm, dass er selbst den anderen Zeit gewährt. Alle Störungen in der Erziehung können auf eine unzeitgemäße Rollenübernahme und Rollenerwartung zurückgeführt werden. Überforderung, Unterforderung und Inkonsequenz sind hierbei die zentralen Ursachen. Sie treten besonders dann in Erscheinung, wenn die Entwicklung des Kindes, des Erziehers und der Gesellschaft ineinander greifen. Hier potenzieren sich die Wirkungen. Nebensächlich erscheinende Ursachen steigern sich zu dramatischen Konfliktpotentialen.

*Unterforderung:* Als Beispiel mag der obige Fall dienen. Hier liegen typische Zusammenhänge für eine Unterforderung vor; die Fähigkeiten des Menschen werden nicht entsprechend seiner Entwicklung herausgefordert.

*Überforderung:* Ein sechsjähriges Kind, das irrtümlicherweise anderthalb Jahre zu früh eingeschult worden war, zeigte Mängel in der Schule. Ein begutachtender Pädagoge bescheinigte daraufhin eine „nicht altersgemäße Entwicklung auf der Basis mangelnder Intelligenz." Eine Überprüfung diese Gutachtens zeigte, dass das Kind altersgemäß sogar gut entwickelt war, der Pädagoge aber nicht das tatsächliche Alter der Kindes, sondern das durchschnittliche Alter seiner Klassenkameraden berücksichtigt hatte.

Überforderung muss nicht notwendigerweise zu einem Rückzug des Kindes führen. Sie kann sich ebenso gut in einer Angleichung an die Forderung auswirken und ein altkluges Verhalten zur Folge haben:

Der fünfjährige Sohn eines Studentenehepaares, dessen Mutter immer berufstätig war und dessen Vater Politikwissenschaften studierte, sollte ursprünglich jeden Morgen gegen neun Uhr vom Vater in den Kindergarten gefahren werden. Da der Vater aber bis spät in die Nacht hinein zu lesen pflegte und am Morgen ausschlafen wollte, gab er ohne Wissen seiner Frau dem Kind herumliegende Medikamente, so dass es bis um elf Uhr schlief. Danach beschäftigte sich der Vater, gewissermaßen als Ersatz für den Kindergarten, mit seinem Sohn. Er versuchte, seinem Sohn technisches, politisches und philosophisches Wissen beizubringen. Das Kind begann, um noch mehr die Zuwendung seines Vaters zu erlangen, die angebotenen Inhalte aufzunehmen und sich schließlich so zu verhalten, wie es der Rollenerwartung entsprach, die der Vater ihm gegenüber hatte. Das Kind verhielt sich dabei „vernünftig", zurückhaltend, hatte wenig Kontakt mit Gleichaltrigen und entwickelte starke Hemmungen, die zu Verhaltensstörungen führten.

*Inkonsequenz:* Die Fähigkeiten des Kindes werden ungleichmäßig beansprucht. Das Kind wird vor Aufgaben gestellt, die es altersgemäß nicht lösen kann. Bemerkt der Erzieher dies, steckt er sofort zurück, bemitleidet das Kind und nimmt ihm die Lösung der Aufgabe ab. Die zunächst auftretende Überforderung bringt das Kind in einen Selbstwertkonflikt. Danach gibt ihm die Bezugsperson durch ihr Zurücksetzen eine unangemessene Lösungsmöglichkeit: Das Kind wird erwarten, dass schwierige Probleme ohne sein Zutun durch Zuwendung von außen gelöst werden. Daraus folgt, dass ein konsequentes Problemlöseverhalten nicht ausgebildet ist und das Kind sich nicht über längere Zeit mit einer Aufgabe beschäftigen wird. „Wenn ich mit einem Spiel nicht weiterkam, sagte meine Mutter: ‚Mach halt was anderes!'"

Eine entwicklungsgemäße Erziehung bedeutet, dass man die Bedürfnisse und Nöte eines Menschen entsprechend dessen Entwicklungsstufe befriedigt und nicht wie in der Geschichte alles auf einmal gibt.

*Spezielle Fragen:*

Mit jeder Handlung, die wir durchführen, jeder Aktualfähigkeit, die wir entwickeln, entwickeln wir auch Selbständigkeit, die uns zur Ablösung befähigt. Ablösung bedeutet, dass man selbständig Beziehungen aufnimmt, sich von einem Partner löst und sich einem anderen oder demselben wieder neu zuwendet. Die Fähigkeit zur Ablösung ist hier gleichbedeutend mit der persönlichen Freiheit.

Wenn man dem Partner höflich und ehrlich etwas gesagt und es ihm genügend begründet hat, braucht er noch Zeit, sich zu entscheiden. Die Entscheidung kann man ihm nicht abnehmen. Er trifft sie selbst, heute, morgen, vielleicht in ferner Zukunft.

Nicht jeder kann sich zu einem bestimmten Zeitpunkt ablösen; der eine braucht mehr Verbundenheit, der andere mehr Unterscheidung (Einzigartigkeit).

Ein Mensch, der nur seinen Partner oder seine Eltern kennt, hat eine geringe Chance, sich von ihnen abzulösen. Manchmal geschieht dies erst bei deren Tod. Die Fähigkeit zur Ablösung kann trainiert werden wir jede andere Fähigkeit.

Ist die Fähigkeit zur Ablösung nur mangelhaft differenziert, kann es passieren, dass der Versuch zur Ablösung sofort durch die Verbundenheit oder Unterscheidung der Bezugspersonen erstickt wird. Andererseits erfolgt hier die Ablösung manchmal explosiv und ist gleichbedeutend mit der Vernichtung der Beziehung.

Wenn sich ein Mensch von einem Partner, einer Gruppe ablöst, ist dies nicht notwendig verbunden mit einer Vernichtung der Beziehung, sondern bedeutet eine Umstrukturierung, Umwertung und Weiterentwicklung der Beziehung. Wenn jemand sich ablöst, braucht auch er nicht nur die Bereitschaft zur Ablösung durch die Bezugsperson, sondern eine angemessene Verbundenheit und Unterscheidung.

Schrittweise Ablösung: das Kind manchmal alleine lassen; es selbständig Aufgaben bewältigen lassen; ihm zugestehen, dass es andere besucht und selbst Besuch empfängt; ihm Verbundenheit gewähren, dass es Selbstvertrauen gewinnt; ihm Unterscheidungen geben, dass es selbständig handeln kann und sich auch von der sozialen Nabelschnur der Eltern lösen kann, dem Kind Aufgaben stellen (Einkaufen schicken; es selbst seine Ordnung nach seinem Konzept machen lassen); als Vorbild selbst akzeptable Formen der Ablösung zeigen: Die Eltern gehen weg und lassen das Kind bei Bekannten; die Eltern bleiben gelegentlich über Nacht weg; man unternimmt auch etwas unabhängig von dem Partner, dem man das gleiche Recht zugesteht.

Keine Partnerschaft, keine soziale Beziehung dauert ewig. Man kann sich räumlich, sozial und physisch trennen. Wir müssen uns auch – dies ist in unserem Leben einprogrammiert – physisch trennen durch den Tod. Auch der Tod ist eine Form der Ablösung und bedarf einer Vorbereitung, genau wie jede andere Form der Ablösung und jede andere Fähigkeit.

# Nicht alles, was rund ist, ist ein Ball –
# Warum man nicht immer von sich auf andere schließen kann

### Der Kaufmann und der Papagei

*Ein orientalischer Kaufmann besaß einen Papagei. Eines Tages stieß der Vogel eine Ölflasche um. Der Kaufmann geriet in Zorn und schlug den Papagei mit einem Prügel auf den Hinterkopf. Seit dieser Zeit konnte der Papagei, der sich vorher sehr intelligent gezeigt hatte, nicht mehr sprechen. Er verlor die Federn auf dem Schädel und wurde bald ein Kahlkopf. Eines Tages, als er auf dem Regal des Geschäftes seines Herrn saß, betrat ein glatzköpfiger Kunde den Laden. Sein Anblick versetzte den Papagei in höchste Erregung. Flügelschlagend sprang er umher, krächzte und fand schließlich zur Überraschung aller die Worte: „Hast du auch eine Ölflasche heruntergeworfen und einen Schlag auf den Hinterkopf bekommen, da du auch keine Haare mehr hast?" (Nach dem persischen Dichter Rumi, bearbeitet von Nossrat Peseschkian)*

Ein neunjähriger Junge bezeichnet die fünfjährige Tochter eines Gastes als Affe. Die Mutter des Mädchens reagierte sofort beleidigt, weil sie das Kompliment, das in dieser Feststellung lag, nicht verstand. Der Junge hatte großes Interesse an einer Fernsehsendung, in der ein Affe eine Hauptrolle spielte. Er war begeistert von diesem Äffchen, an das er sich durch das muntere Verhalten des Mädchens erinnert fühlte. Das Mädchen sehe aus wie ein Affe besagte: Das Mädchen ist mir sympathisch. Wenn die Mutter des Mädchens das Wort Affe gebraucht hatte, dann als Schimpfwort. Eben diesen Beweggrund unterstellte sie dem neunjährigen Jungen, für den das Wort Affe im gegebenen Zusammenhang mehr den Charakter eines Komplimentes hatte.

In der gleichen Weise bezeichnen Kinder Ihre Mutter beispielsweise als Kuh, den Vater als Pferd, wobei sie den Schimpfwortcharakter dieser Äußerungen nicht kennen, aber letztlich dafür bestraft und als unhöflich bezeichnet werden. Die milchspendende Kuh wird mit der Mutter, die den Kakao einschüttet, verglichen. Der Vater, der wegen seiner Arbeit kaum zu Hause ist, hat in der Phantasie des Kindes Ähnlichkeit mit dem Arbeitspferd. Warum sollte es nicht sagen, was es denkt? Das hatte es schließlich als „Ehrlichkeit" gelernt.

Der Schluss von sich selbst auf andere, der in einigen Fällen das Verständnis ermöglichen kann, ist in anderen Fällen die Ursache von Missverständnissen.

Tiefenpsychologisch bedeutet dies kaum etwas anderes als: *Mein Kind soll das erreichen, was ich nicht erreicht habe.* Dabei werden unerfüllte Wünsche, unbefriedigte Bedürfnisse und nicht erlebte Erlebnisse von den Erwachsenen auf das Kind übertragen. Die Differenz zwischen dem erreichten Entwicklungsstand des Erwachsenen und dem des Kindes wird geflissentlich übersehen, was dazu führt, dass das Kind durch den Anspruch seiner Erzieher überfordert wird. In diesem Sinne ist auch der Ausspruch des kleinen Mädchens zu verstehen, welches – antiautoritär erzogen – sagt: *Mutti, muss ich heute wieder das spielen, was ich will?* Der Gegenpol würde lauten: *Mutti, muss ich heute wieder das spielen, was du willst?*

Die Bezugspersonen verdrehen dabei die Erziehungspraktiken, die sie in ihrer Kindheit genossen haben, ins Gegenteil, um eigene, unerfüllt gebliebene Wünsche wenigstens bei ihren Kindern und Partnern nachzuholen.

So die Erkenntnis eines 41-jährigen Bankkaufmanns: „Zu meinen Kindern habe ich mich genau entgegengesetzt verhalten: das heißt, ich habe die Verhaltensweisen meiner Eltern übernommen, aber ich habe sie um 180 Grad herumgedreht."

Oder ein 38-jähriger Betriebsleiter: „Ich habe mich sehr bemüht, meinen Kindern ein gutes Vorbild zu sein, denn ich wollte ja nicht, dass es meinen Kindern ähnlich erginge wie mir. Ich bin daraufhin in das andere Extrem verfallen und wollte – und will es zum Teil heute noch – alles hundertprozentig perfekt machen."

In den meisten Fällen ist der projizierte Wunsch jedoch dem Entwicklungsstand und den Möglichkeiten des Partners nicht angemessen, weil bei diesem Fähigkeiten vorausgesetzt werden, die eigentlich erst Schritt für Schritt entwickelt werden müssten. Man geht hier also den zweiten Schritt vor dem ersten. Durch die Projektion der eigenen Wünsche und die Forderung, sich mit diesen zu identifizieren, wird der Partner, aber auch man selbst, emotional überfordert.

Kinder *sehen* nicht nur, was auch ihre Eltern sehen: sie *erleben* es durch die Identifikation auch in ähnlicher Weise. Das Erlebnis, dass man bei sich Verhaltensweisen und Einstellungen entdeckt, die für die eigenen Eltern, für Freunde und Verwandte typisch waren, kann jeder nachvollziehen. Oft passiert es aber, dass sich das Vorbild verselbständigt: Man denkt, spricht und handelt nicht so, wie man es aufgrund der eigenen Überzeugung tun würde, sondern wie es das Vorbild in der gleichen Situation getan hätte.

Die folgende Erkenntnis einer Mutter ist gewiss für viele nachvollziehbar: „Obwohl ich weiß, dass jedes Kind seinen Freiheitsraum braucht, rege ich mich über die Unordnung meiner Tochter genauso auf, wie sich meine Mutter über meine Unordnung aufregte. Dabei geht es mir schon auf die Nerven, dass ich die gleichen Argumente und Worte benutze wie meine Mutter ..."

Es kommt in diesem Sinne zu einer Vorurteils- und Symptomtradition. Die Einstellung der Eltern zu Dingen der Umwelt wird für das Kind zur selbstverständlichen und einzig möglichen Haltung. Man kann von ihr als von einer zweiten Natur sprechen. Dabei kann der Zugang zur ersten, eigenen Natur verschüttet werden.

*Zielerweiterung:*

Identifikation vollzieht sich als seelischer Mechanismus zum wesentlichen Teil unbemerkt. Als die sozial wohl wichtigste Form des Lernens stellt sie eine notwendige Voraussetzung für die Persönlichkeitsentwicklung dar. Wird aber das Identifikationsmodell nicht angemessen integriert, d. h. wird es starr übernommen und nicht (der derzeitigen Entwicklung der Persönlichkeit gemäß) selbst weiterentwickelt, kann es zu Störungen, Konflikten und Auseinandersetzungen kommen. Diese beruhen auf dem Missverständnis, dass man nicht zwischen seiner eigenen Persönlichkeit und den Verhaltensmustern des Vorbildes unterscheidet. Voraussetzung dafür, dass wir uns vorstellen können, was ein anderer denkt oder fühlt, ist, dass wir uns in ihn hineinversetzen. Dieser Vorgang kann eine Projektion sein.

Projektion bedeutet die Übertragung bewusster und unbewusster Erwartungen sowie eigener Persönlichkeitsmerkmale auf die Außenwelt und auf die sozialen Partner. Menschen, die dem Missverständnis der „Projektion" unterliegen, sehen bei anderen die Eigenschaften, die sie selbst haben, aber bei sich nicht sehen wollen. Man sieht den Dorn im Auge des anderen, aber nicht den Balken im eigenen Auge. Man kann das Missverständnis Projektion deshalb als systematische Unehrlichkeit gegen sich selbst und Ungerechtigkeit gegenüber dem Partner bezeichnen. Beispielhaft hierfür steht der Aggressive: Fragt man ihn, warum er denn andere Menschen angreift, unhöflich und unehrlich behandelt, kränkt und beschimpft, so wird er erwidern, er müsse sich ja nur wehren, die anderen seien so groß und gemein, und die Welt sei so ungerecht.

Nicht alle, die eine Glatze haben, haben eine Ölflasche umgeworfen.

Und das kann auch heißen: Schließe nicht von dir auf andere, sondern frage nach den Motiven:

*Frage: „Sag mal, warum übst du denn neuerdings jeden Tag fünf Stunden auf dem Klavier?"*
*Antwort: „Man muss nur wissen, was man will." „Und was willst du?" „Die Wohnung nebenan."*

*Ein Mann begleitete seinen Freund zum Bahnhof. Als sie dort eintrafen, war der Zug gerade am Abfahren. Beide Männer liefen hinter dem Zug her. Dem einen gelang es, auf den Zug aufzuspringen. Der andere Mann bog sich vor Lachen. Darauf angesprochen, meinte er: „Eigentlich wollte ich mit dem Zug fahren."*

**Der größte Hochmut und der größte Kleinmut kommen gleich der größten Selbst-Unkenntnis.**
**(Baruch Spinoza)**

# Ein Vorurteil ist ein Urteil, das nicht durch ein Gericht, sondern durch ein Gerücht hervorgerufen wird[1] — Vorurteile haben viele Gesichter

### Von der Krähe und dem Pfau

*Im Park des Palastes ließ sich eine schwarze Krähe auf den Ästen eines Orangenbaumes nieder. Auf dem gepflegten Rasen stolzierte ein Pfau. Die Krähe krächzte: „Wie kann man überhaupt einem solch merkwürdigen Vogel gestatten, diesen Park zu betreten. Er schreitet so arrogant, als wäre er der Sultan persönlich, und dabei hat er doch ausgesprochen hässliche Füße. Und sein Gefieder, in was für einem hässlichen Blau! Eine solche Farbe würde ich nie tragen. Seinen Schweif zieht er hinter sich her, als wäre er ein Fuchs." Die Krähe hielt inne und schwieg abwartend. Der Pfau sagte eine Zeit lang gar nichts, dann begann er wehmütig lächelnd: „Ich glaube, deine Aussagen entsprechen nicht der Wirklichkeit. Was du an Schlechtem über mich sagst, beruht auf Missverständnissen. Du sagst, ich sei arrogant, weil ich meinen Kopf aufrecht trage, so dass meine Schulterfedern sich sträuben und ein Doppelkinn meinen Hals verunziert. In Wirklichkeit bin ich alles andere als arrogant. Ich kenne meine Hässlichkeiten, und ich weiß, dass meine Füße ledern und faltig sind. Gerade dies macht mir soviel Kummer, dass ich meinen Kopf hoch trage, um meine hässlichen Füße nicht zu sehen. Du siehst nur meine Hässlichkeiten. Vor meinen Vorzügen und meiner Schönheit verschließt du die Augen. Ist dir das nicht schon aufgefallen? Was du hässlich nennst, bewundern die Menschen an mir." (Nach P. Ehtesami, persische Dichterin, bearbeitet und übersetzt von Nossrat Peseschkian)*

---

[1] G. Uhlenbruck

Die Krähe unserer einleitenden Fabel hatte nur die hässlichen Füße des Pfaus beachtet. Die positiven Eigenschaften gingen gegenüber diesem Eindruck unter. Die hässlichen Füße – selbst über den Begriff der Hässlichkeit lässt sich streiten – werden verallgemeinert (generalisiert) und verdeckten die anderen „guten" Eigenschaften.

So erzählt eine 63-jährige Hausfrau, die unter Schlafstörungen und Aggressionen litt:

„Ich habe früher mit meinem Mann viele Veranstaltungen besucht. Gerade bei diesen Anlässen kam es häufig vor, dass z. B. ein bekannter Professor ein Referat hielt. Meistens sitzen dann in einer Ecke Jugendliche, langhaarig, ungepflegt und benehmen sich flegelhaft. Ich bin dann schon von vornherein gegen sie eingestellt und warte förmlich darauf, was auch immer eintrifft, dass aus dieser Gruppe aggressive Bemerkungen dem Referenten gegenüber kommen. Ich kam nie auf die Idee, einmal darüber nachzudenken, warum die Jugendlichen so sind. Ich besitze diesen Jugendlichen gegenüber totale Vorurteile. Ich rege mich innerlich derart auf, dass mir oft schlecht wird und ich einen solchen Zorn bekomme, dass ich am liebsten zu den Burschen hinüberginge, um sie zur Rechenschaft zu ziehen. Stattdessen benehme ich mich äußerlich wie immer, ich fresse alles in mich hinein und keiner merkt, was in mir vorgeht. Mir ist schon früher aufgefallen, dass ich bei allen Menschen jede Art von Aggressionen hasse, obwohl gerade ich so viel damit zu kämpfen habe. Ich glaube, das kommt daher, weil ich fast nur in aggressiver Atmosphäre erzogen worden bin."

Diese Geschichte wurde für die Patientin zu einem Beispiel, an dem sie sich vorsichtig orientierte. Sie merkte: In ähnlicher Weise, wie die Krähe die positiven Züge des Pfaus verleugnet hatte, hatte sie nur die Fehler, Konfliktbereiche und neuralgischen Punkte ihrer Mitmenschen gesehen.

Wie mit Vorurteilen behaftete Gefühle sich auswirken, zeigt das Beispiel einer 28-jährigen Mutter eines achtjährigen Sohnes. Der Junge kam wegen seines aggressiven Verhaltens in psychotherapeutische Behandlung.

„Wenn mein Sohn einmal zu mir kommt, anlehnungsbedürftig, ruhig und ohne Aggressionen, dann denke ich, er ist das liebste Kind auf der Welt. Dann bin ich ganz verliebt in ihn und verstehe nicht, wie ich ihm gegenüber manchmal so hart sein konnte. Mein Schuldgefühl wächst dann, und ich will schnellstens alles wieder gut machen. Kommt er mir aber ausgesprochen aggressiv, frech und dickköpfig an, so denke ich, was für ein schreckliches Kind ich doch habe – und womit habe ich einen solchen Sohn verdient?"

Vorurteile beruhen, gleichgültig, ob sie positiv oder negativ sind, hauptsächlich auf dem generalisierend eingeschränkten Wertgesichtsfeld. Eine Aktualfähigkeit wird einseitig hervorgehoben und aus der Persönlichkeit des Partners herausgelöst. Mit dieser Fähigkeit werden Erwartungen, Haltungen und Einstellungen verknüpft:

„Du bist und bleibst immer unordentlich."

„Wer einmal lügt, dem glaubt man nicht."

„Du hast mich immer enttäuscht, du brauchst mir nichts vorzumachen."

„Ich habe es selbst gelesen, und das stimmt auch."

„Ich weiß selbst, was richtig und was falsch ist."

Gruppen-, Rassen- und Völkerhass gehen im Prinzip auf dieses Missverständnis zurück, das in jeder Verallgemeinerung liegt:

„Du bist zu allen Menschen ekelhaft."

„Du hast noch nie Zeit für mich gehabt."

„Du warst noch nie nett zu mir."

„Du lässt mich immer warten."

„Die Reichen sind Ausbeuter, die Armen sind Versager; die Schweizer sind besonders sauber; die Bayern saufen; die Schotten sind geizig; die Politiker sind charakterlich defekt; die Ärzte wollen nur viel Geld verdienen; die Männer wollen nur das eine; alle Frauen sind Schlangen ..." usw.

Am umfassendsten zeigt sich der Mechanismus der Generalisierung in seiner Anwendung als Aussage über alle Menschen. Und dies kann dann sehr tragisch klingen, wie in der Aussage eines achtjährigen Mädchens: „Ich bin gegen jeden misstrauisch. Weil sich meine Eltern geschieden haben, traue ich keinem Menschen mehr."

Einzelne Erlebnisse können derart verallgemeinert werden, dass die gesamte Erlebnisweise und sogar die Gottesbeziehung davon betroffen werden. Ein scheinbar gutes Verhältnis zu Gott oder dessen totale Ablehnung gründen hier: „Wenn es einen Gott gibt, wie kann so viel Ungerechtigkeit in der Welt sein?"

*Zielerweiterung:*

Eine seelische Funktion, die uns unsere Umwelt erst erschließen hilft, besteht in der Fähigkeit, von einem Ereignis auf andere Ereignisse zu schließen und sich in entsprechenden Situationen gleich zu verhalten. Lernen und Umweltbewältigung setzen die Fähigkeit zu generalisieren voraus; ohne sie würden die einzelnen Wahrnehmungen und Erlebnisse in eine Unzahl von zusammenhanglosen Ereignissen zerfallen. Erst die Generalisierung ermöglicht, Wahrnehmungen zusammenzufassen, Oberbegriffe zu bilden und schließlich abstrakt zu denken. Doch eben diese Fähigkeit macht auch einen Grundtyp von Missverständnis aus: Der Rückschluss von einem Ereignis auf andere beinhaltet die Möglichkeit falscher Einschätzung.

Wenn sich ein Kind am heißen Ofen verbrannt hat, fasst es eine Zeit lang keinen Ofen mehr an, gleichgültig, ob er heiß oder kalt ist. Hier wird die Schutzfunktion der Generalisierung deutlich. Diese Schutzfunktion korrespondiert zugleich mit der Gefahr, die Wirklichkeit nur unter dem Aspekt eines oder mehrerer Erlebnisse oder Erkenntnisse zu sehen: Aus der Tatsache, dass der Ofen früher einmal heiß war, lässt sich jedoch nicht zwingend schließen, dass er auch heute, zu einem anderen Zeitpunkt, noch heiß sein müsse. In den Beziehungen zu sich und zu anderen Menschen neigt man verallgemeinernd dazu, von einzelnen Erlebnissen auf Eigenschaften zu schließen, von einer Eigenschaft auf andere Eigenschaften, von diesen schließlich auf den ganzen Menschen.

Typisch für die Verallgemeinerung ist, dass ein Bereich hervorgehoben und man für andere Bereiche blind wird. Verallgemeinerung bedingt eine Verengung des Wertgesichtsfeldes.

Vorurteile haben nicht etwa die Neigung, sich selbst zu korrigieren, sondern in andere Vorurteile überzugehen oder ins Gegenteil umzuschlagen. Man ändert lieber die Welt als sein Vorurteil. Warum lassen sich Vorurteile so schlecht abbauen? Oft merken die Menschen gar nicht, dass sie ein Vorurteil haben. Um das Vorurteil nicht einer Prüfung aussetzen zu müssen und es nicht in Frage stellen zu lassen, versucht man unwillkürlich, Auseinandersetzungen, die es ins Wanken bringen können, zu vermeiden. Wie kann aber ein Mensch jemals wissen, ob er etwa einem Irrtum (in Form eines Vorurteils) verfallen ist, wenn er sich nie der Erfahrung aussetzt, die dies an den Tag bringen könnte? Wie können wir merken, ob wir Vorurteile haben oder nicht, wenn wir nicht bereit sind, anderen, die gänzlich unterschiedliche Ansichten und Eigenschaften haben als wir selbst, zu begegnen und uns mit ihnen auseinanderzusetzen?

Der Bau von Luftschlössern kostet nichts,
aber ihr Abriss ist sehr teuer.

Glaube nie etwas, was der Vernunft widerspricht,
ohne es zu prüfen.

# Wenn du eine hilfreiche Hand brauchst, so suche sie am Ende deines eigenen Armes – Fähigkeiten verwirklichen

## Es fällt kein Meister vom Himmel

*Ein Zauberkünstler führte am Hofe des Sultans seine Kunst vor und begeisterte seine Zuschauer. Der Sultan selber war außer sich vor Bewunderung: „Gott, stehe mir bei, welch ein Wunder, welch ein Genie!" Sein Wesir gab zu bedenken: „Hoheit, kein Meister fällt vom Himmel. Die Kunst des Zauberers ist die Folge seines Fleißes und seiner Übungen." Der Sultan runzelte die Stirn. Der Widerspruch seines Wesirs hatte ihm die Freude an den Zauberkunststücken verdorben. „Du undankbarer Mensch! Wie kannst du behaupten, dass solche Fertigkeiten durch Übung kommen? Es ist wie ich sage: Entweder man hat das Talent oder man hat es nicht." Abschätzend blickte er seinen Wesir an und rief: „Du hast es jedenfalls nicht, ab mir dir in den Kerker. Dort kannst du über meine Worte nachdenken. Damit du nicht so einsam bist und du deinesgleichen um dich hast, bekommst du ein Kalb als Kerkergenossen." Vom ersten Tag an übte der Wesir, das Kalb hochzuheben und trug es jeden Tag über die Treppen seines Kerkerturmes. Die Monate vergingen. Aus dem Kalb wurde ein mächtiger Stier und mit jedem Tag der Übung wuchsen des Kräfte des Wesirs. Eines Tages erinnerte sich der Sultan an seinen Gefangenen. Er ließ ihn zu sich holen. Bei seinem Anblick aber überwältigte ihn das Staunen: „Gott, stehe mir bei, welch ein Wunder, welch ein Genie." Der Wesir, der mit ausgestreckten Armen den Stier trug, antwortete mit den gleichen Worten wie damals: „Hoheit, kein Meister fällt vom Himmel. Dieses Tier hattest du mir in deiner Gnade mitgegeben. Meine Kraft ist die Folge meines Fleißes und meiner Übung."*

Der König möchte in dem Zauberer jemanden sehen, der eine besondere, ausgezeichnete und sonst niemandem erreichbare Fähigkeit besitzt. Er löst die Leistungen des Zauberers aus dem Zusammenhang und idealisiert ihn.

Ein Kind hatte durch einen Autounfall die Sehkraft des linken Auges verloren. Vom medizinischen Standpunkt aus konnte die Sehkraft dieses Auges nicht mehr wiederhergestellt werden. Es war also ein Faktum gesetzt, mit dem das Kind auf irgendeine Weise fertig werden musste. Interessant an diesem Fall ist, dass das Kind sich trotzdem konfliktarm entwickelte, während die Mutter, die das Auto gefahren hatte, darüber nicht hinwegkam.

Gerne übersehen wir die an sich selbstverständliche Tatsache, dass die Erziehung Möglichkeiten bietet, auch so genannte „angeborene Schädigungen" in ihren Auswirkungen auf das Leben eines Menschen positiv oder negativ zu beeinflussen.

Ein berühmtes historisches Beispiel für die Möglichkeiten, die trotz angeborener Schädigungen entstehen, bietet die taub-stumm-blinde *Hellen Keller*, die durch die Geduld einer Erzieherin von einem hilflosen, tierähnlichen Geschöpf zu einer hochdifferenzierten, bewundernswerten Persönlichkeit heranwuchs. Bei ihr wurden nicht nur die Schädigungen gesehen, die in der Tat ein nahezu hoffnungsloses Bild abgegeben hätten, sondern die Fähigkeiten, welche unabhängig von den körperlichen Schäden verborgen bestanden. An die Stelle von Gesichtssinn, Gehör und dem Sprechvermögen traten die Tastfähigkeit und die Ausdrucksmittel der Hände und des Gesichts.

Hinsichtlich der so genannten angeborenen Schädigungen hat man zwei Möglichkeiten, helfend einzugreifen: zum einen kann man versuchen, die Schädigung selbst zu beeinflussen, etwa durch Operation, Medikamente, Gymnastik. Zum anderen rückt man andere Fähigkeiten als die gestörten ins rechte Licht. Durch konsequente Haltung und Geduld lassen sich in einem geschädigten Kind auch bei erheblichen Störungen viele Sozialisationsinhalte wie Ordnung, Sauberkeit, Höflichkeit, Leistungsvermögen und schöpferische Fähigkeiten entwickeln.

Die Erlebnisse aus der Vergangenheit gehören zu einem Schicksal, das sich nicht ändern lässt. Was geschehen ist, lässt sich nicht rückgängig machen. Worauf man hingegen Einfluss nehmen kann, ist die Einstellung gegenüber dem Geschehenen. Im gleichen Sinn kann zwar das bestimmte Schicksal nicht abgewendet, jedoch die Beziehung zu ihm geändert werden. Von diesen Einstellungen hängt es ab, ob unser Gesichtsfeld für die Aufgaben der Gegenwart differenziert oder eingeschränkt wird. Welche Einstellungen gewählt und von dem Einzelnen immer wieder bevorzugt werden, ist selbst bedingtes Schicksal, das zu einem Teil von der Art und Form der Erziehung abhängt.

Nicht nur in der Einstellung der Bezugsperson dem Kind und dem Partner gegenüber wird das Missverständnis „bedingtes und bestimmtes Schicksal" bedeutungsvoll. Auch in der Einstellung eines Menschen zu sich selbst findet es sich: „Ich bin ein Pechvogel, das ist mein Schicksal. Das war immer so und wird immer so sein." Diese Aussage ist subjektzentriert. Der Betreffende identifiziert sich mit spezifischen Eigenschaften und Leistungsbereitschaften und sieht über diese hinaus keine anderen Möglichkeiten. Die Aussage: „Ich bin ein Pechvogel" ist grundsätzlich verschieden von: „Ich habe Pech gehabt." – Hier bezieht sich die Feststellung auf einzelne Ereignisse, diese werden nicht mit der Persönlichkeit vermengt und verwechselt.

„Ich habe einen Unfall gehabt und dann immer wieder Unfälle gebaut. Ich bin ein Pechvogel."

„Ich habe geglaubt, ich bin lernbehindert. Vor Tests und Prüfungen in meinem Beruf habe ich mir immer gesagt: ‚Das schaffst du doch nicht!' Und ich habe es nicht geschafft."

„Die anderen haben es immer leichter als ich, z. B. mit Frauen. Ich bekomme immer nur schwer Kontakt, niemand redet mit mir."

„Meine Mutter war sehr phlegmatisch, und ich habe das übernommen. Das kann man nicht ändern, es ist eben nichts zu machen."

„Was habe ich bisher im Leben erreicht? – Dabei betrachte ich meine Umgebung: der eine hat sich ein Haus gebaut, der andere hat eine nette Frau, und ich habe gar nichts."

Diese Beispiele machen sehr gut den Unterschied zwischen dem *bestimmten* und dem *bedingten* Schicksal deutlich. Bestimmt nennen wir ein unausweichliches Schicksal: Jeder Mensch wird geboren und stirbt, kein Weg führt an diesen Ereignissen vorbei. Vor der Frage nach dem Wesen von Geburt und Tod steht man genauso wie vor den Fragen, ob es ein Leben nach dem Tod gibt, welches der Ursprung und das Ziel allen Seins und das Wesen des Schöpfers ist und welchen Sinn ein Leid hat. Vor diesen Fragen steht jeder Mensch, ohne Ausnahme.

Das bedingte Schicksal hingegen ist das Schicksal, das seine eigene Geschichte hinter sich hat, vermeidbar gewesen wäre und einer Änderung zugänglich war oder ist. Und dies trifft auf die oben genannten Beispiele zu.

An folgendem Beispiel lässt sich das Verhältnis von bedingtem und bestimmtem Schicksal verdeutlichen. Für eine Kerze ist das bestimmte Schicksal, dass ihr Wachs brennt und sich verzehrt; ihr Verlöschen ist daher eine Bestimmung, die unmöglich geändert oder abgewandelt werden kann. Das bedingte Schicksal aber kann mit folgendem Vorgang verglichen werden: Während die Kerze noch genügend hoch ist, kommt ein Windstoß, der sie auslöscht. Hier handelt es sich um ein bedingtes Schicksal, denn es hätten hier genügend Möglichkeiten bestanden, das Ausgehen der Kerze zu verhindern.

*Zielerweiterung:*

Außer den in den Fragen des bestimmten Schicksals benannten Problemen stehen alle Ereignisse unter dem Stern des bedingten Schicksals. Das bedeutet: Man kann durch eine angemessene Erziehung und Therapie ein Kind, sich selbst oder auch den Partner für ein glückliches Leben erziehen und umerziehen. Ist dies aufgrund irgendwelcher Einflüsse nicht gelungen und treten Störungen oder unerwünschte Entwicklungen auf, kann man meist, wenn man sie rechtzeitig erkennt, ihren Verlauf beeinflussen und eine Besserung oder Heilung erzielen. Andere Störungen hingegen, die auch durch bestimmte Ereignisse bedingt sind, können nach dem derzeitigen Stand der Wissenschaft nicht behoben werden. Hier kommt es darauf an, die Störungen anzunehmen und eine positive Haltung und Einstellung ihnen gegenüber zu gewinnen, die es einem möglich machen, zumindest die anderen Fähigkeiten zu entfalten.

Dass jeder alles kann, erscheint uns unmöglich. Darauf kommt es aber gar nicht an. Wichtig ist vielmehr, dass wir eine Vielzahl von Fähigkeiten entfalten können, wenn wir ihnen nur Raum und Zeit zu ihrer Verwirklichung geben.

Eine gute Möglichkeit dazu: Helfen Sie anderen Menschen – ob Partner oder Kind – nicht bei Tätigkeiten, von denen Sie annehmen können, sie können sie selbst ausführen. Warten Sie, bis sie es selbst machen, auch wenn sie es „falsch" machen. Nur dadurch lässt sich Schritt für Schritt lernen, selbständig zu werden, Vertrauen in die eigenen Fähigkeiten zu entwickeln.

**Ohne Begeisterung ist noch nie etwas Großes geschaffen worden.** (Ralph W. Emerson)

❖

**Wunder kommen nur zu denen, die daran glauben.**

❖

**Um zu sehen, musst du die Augen offen halten. Um zu erkennen, musst du sie schließen und denken.**

❖

**Man kann dem Leben nicht mehr Tage geben, aber dem Tag mehr Leben.**

❖

**Die Hoffnung ist das einzige Gut, das allen Menschen gemein ist.** (Thales von Milet)

Was ich nicht weiß, macht mich nicht heiß! –
Die Fähigkeit, an sich und andere die richtigen
Fragen zu stellen

### Die halbe Wahrheit

*Der Prophet Mohammed kam mit einem seiner Begleiter in eine Stadt, um zu lehren. Bald gesellte sich ein Anhänger zu ihm: „Herr! In dieser Stadt geht die Dummheit ein und aus. Die Bewohner sind halsstarrig. Man möchte hier nichts lernen. Du wirst keines dieser steinernen Herzen bekehren.“ Der Prophet antwortete gütig: „Du hast recht!“ Bald darauf kam ein anderes Mitglied der Gemeinde freudestrahlend auf den Propheten zu: „Herr! Du bist in einer glücklichen Stadt. Die Menschen sehnen sich nach der rechten Lehre und öffnen ihre Herzen deinem Wort.“ Mohammed lächelte gütig und sagte wieder: „Du hast recht!“ „Oh, Herr“, wandte da der Begleiter Mohammeds ein: „Zu dem ersten sagtest du, er habe recht. Zu dem zweiten, der das Gegenteil behauptet, sagst du auch, er habe recht. Schwarz kann doch nicht weiß sein.“ Mohammed erwiderte: „Jeder Mensch sieht die Welt so, wie er sie erwartet. Wozu sollte ich den beiden widersprechen. Der eine sieht das Böse, der andere das Gute. Würdest du sagen, dass einer von den beiden etwas Falsches sieht, sind doch die Menschen hier wie überall böse und gut zugleich. Nichts Falsches sagte man mir, nur Unvollständiges.“ (Bearbeitet von Nossrat Peseschkian)*

Ein Großteil aller seelischen Funktionen und zwischenmenschlichen Beziehungen wird durch Einstellungen und Verhaltensweisen diktiert, deren Ursprünge und Motive nicht bewusst sind. Aus ihnen entwickeln sich neben den unwillkürlichen, treffenden Reaktionen Prozesse, die man bewusst nicht beabsichtigt und deren Folgen man nicht gewollt hat.

Das Ehepaar B. kam wegen Eheschwierigkeiten in die psychotherapeutische Behandlung. Herr B., 42 Jahre, Frau B., 34 Jahre, beide Akademiker, klagten über familiäre Spannungen in den letzten Jahren, obwohl sie ansonsten eine gute Ehe geführt hatten. In ihren Berichten kamen sie immer wieder auf Schwierigkeiten mit den Kindern zu sprechen, wobei der neunjährige Sohn die zentrale Rolle spielte. Als jüngstes von drei Geschwistern und ausgesprochenes Nesthäkchen hatte er eine intensive Bindung zur Mutter entwickelt. Der Vater hatte in den letzten Jahren wegen einer wissenschaftlichen Arbeit nur wenig Gelegenheit, mit dem Kind zusammen zu sein. Trafen Vater und Sohn zusammen, überfiel ihn der Sohn mit einer Anzahl von Wünschen, die er ihm nicht erfüllen konnte und wollte. Konnte der Junge seinen Kopf nicht durchsetzen, begab er sich eilends zur Mutter, um sich zu beschweren: *Vati ärgert mich…* Die Mutter nahm das Kind in Schutz und versuchte, das Verbot des Vaters dadurch wieder gut zu machen, dass sie sich besonders mit ihrem Kind beschäftigte. Ihr Verhalten wirkte im Sinne einer Belohnung. Dies führte im Laufe der Zeit dazu, dass sich die Mutter zum Anwalt ihres Sohnes machte und es zu offenen Auseinandersetzungen zwischen den Eltern kam. Daraus resultierte ein Mechanismus: „Ich provoziere meinen Vater solange mit Wünschen, bis er diese ablehnt. Dann gehe ich zur Mutter. Sie setzt sich für mich ein und hat für mich viel Zeit. Damit habe ich einen Vorteil vor den anderen Geschwistern".

Die Funktion des *Unbewussten* lässt sich durch ein einfaches Beispiel verdeutlichen: Wenn wir gegessen haben, wird eine Anzahl von körperlichen Prozessen und Stoffwechselvorgängen in Gang gesetzt. Obwohl sie geschehen, werden sie uns nicht bewusst, es sei denn, eine Störung tritt auf und Schmerzen und Unbehagen signalisieren diese Störung. Ähnlich verhält es sich mit den zwischenmenschlichen Beziehungen. Wie oft ertappen wir uns dabei, etwas zu tun, was wir nicht beabsichtigt hatten. Obwohl wir beispielsweise eingesehen haben, dass Prügel nicht das geeignete Erziehungsmittel sind und Ungeduld uns nur in Unruhe versetzt, geraten wir oft schon beim anscheinend kleinsten Anlass außer Fassung und werfen unsere Prinzipien über den Haufen. Hinterher ärgern wir uns über unser Verhalten. So wie diese Mutter: „Ich tue manchmal etwas, was mir hinterher leid tut und was auch ansonsten gegen meine Prinzipien verstößt. Bei meiner Tochter rege ich mich über alles auf, schreie sie an, sage unschöne Sachen, obwohl ich mir täglich vornehme, nett zu ihr zu sein ...“

Als Inhalte des Unbewussten spielen die Aktualfähigkeiten eine besondere Rolle. Einseitigkeiten im Muster der Aktualfähigkeiten werden in den meisten Fällen als selbstverständlich erachtet und geraten somit nicht ins Bewusstsein. Dennoch werden sie mit starken Gefühlen besetzt und führen gewissermaßen ein Eigenleben, dessen Folgen in den Beziehungen zu anderen Menschen wirksam werden. Erlebnisse, die zu einer Auseinandersetzung der eigenen affektbesetzten Aktualfähigkeiten mit der Umwelt führten, können verdrängt werden: sie verschwinden aus dem Bewusstsein. Man erinnert sich nicht mehr an sie, obwohl sie in Gedächtnisspuren gespeichert noch da sind. Wir definieren diesen Vorgang als *Verdrängung*. Die nicht verarbeiteten Erlebnisse entwickeln eine eigene Dynamik und kommen von Zeit zu Zeit in mehr oder weniger offener Form in Träumen, Gedanken, im Sprechen und im Handeln zum Vorschein.

*Spezielle Fragen:*

Passiert es öfter, dass Sie sich hinterher ärgern, wenn Sie etwas getan haben (Situationen)?

Wenn jemand Sie enttäuscht, ziehen Sie sich dann ganz und gar von ihm zurück (Situationen)?

Passiert es Ihnen manchmal, dass Sie bei sich Eigenschaften finden, die Sie von Ihrem Partner oder von Ihren Eltern kennen?

Machen Sie die Probleme und Schwierigkeiten Ihres Partners zu Ihren eigenen Problemen?

Kommt es vor, dass Sie Ihren Ärger auf die Kinder oder einen unbeteiligten Partner übertragen (Situationen und Inhalt)?

Wie fühlen Sie sich, wenn Sie von Unfällen, Katastrophen oder Todesfällen hören?

Träumen Sie häufig, wenn ja, wovon, und wie fühlen Sie sich dabei?

Geschieht es öfter, dass Sie etwas vergessen oder etwas sagen, was Sie eigentlich nicht wollten?

Passiert es Ihnen häufig, dass Sie den gleichen Fehler immer wieder machen (Situationen und Inhalte)?

Können Sie sich gut konzentrieren, oder haben Sie damit Schwierigkeiten (Situationen)?

Meinen Sie, dass Unbewusstes Einfluss auf Ihr Verhalten und Erleben nimmt (Situationen)?

**Wer etwas haben will, muss auch etwas geben.**
**(Martin Luther)**

**Klugheit besitzt jeder – der eine vorher,**
**der andere nachher.**

„Man ist reich, wenn es reicht" –
Die Frage nach dem Wesentlichen

### Der kluge Arzt

*Es war einmal in alten Zeiten eine Frau im Orient, die war so dick, dass sie nicht gehen konnte. Eines Tages fasste sie den Entschluss, zu einem Arzt zu gehen. Der sollte ihr eine Medizin gegen ihre Fettleibigkeit geben. Sie ging zum Haus des Arztes. Als sie dort angekommen war, winkte der Arzt sie zu sich und sagte: „Tritt näher!" Sie setzte sich hin und er fragte, wie es ihr geht. Die Frau antwortete: „Ach danke, ganz gut. Ich bin gekommen, damit du mich untersuchst." Und er fragte sie: „Was hast du denn?" Die Frau antwortete: „Ich möchte, dass du mir eine Medizin machst gegen meine Fettleibigkeit." Der Arzt sagte: „Wenn Gott will. Aber ich muss zuerst das Orakelbuch fragen, damit ich sehe, welche Medizin für dich passt. Geh jetzt nach Hause. Morgen komm wieder und hol dir die Antwort." Die Frau sagte: „Wenn Gott will" und ging nach Hause. Am folgenden Tag kam sie wieder, um die Antwort zu holen. Der Arzt sagte ihr: „Liebe Frau, ich habe in dem Buch nachgesehen; ich fand darin, dass du in sieben Tagen sterben wirst. Deshalb, meine ich, brauchst du keine Medizin, wenn du sowieso stirbst." Als die Frau die Worte des Arztes hörte, fürchtete sie sich sehr. Sie kehrte nach Hause zurück, aß nicht, trank nicht und war sehr traurig und wurde sehr mager. Es vergingen sieben Tage, aber sie starb nicht. Da ging sie zum Arzt und sagte zu ihm: „Heute ist der achte Tag und ich bin nicht gestorben." Der Arzt fragte: „Bist du nun dick oder dünn?" Sie sagte: „Ich bin dünn, ich bin vor Todesfurcht ganz abgemagert." Der Arzt ging zu ihr: „Das eben war die Medizin, die Furcht." Und die Frau ging nach Hause.*

Einer 32-jährigen, stark übergewichtigen Frau, die unter Angst und Depressionen litt, habe ich diese Geschichte erzählt. Im Folgenden äußert sie sich auch zum „Wanderer":

„Ich fühle mich eindeutig wie der Wanderer. Ich bin belastet, erschöpft, sehe aber auch nicht genau, von was. Mich belastet z. B., dass ich mich für manche Sachen, die für mich wichtig sind, vor anderen Leuten schäme oder meine, mich rechtfertigen zu müssen. Mein Übergewicht, das eine Folge der Süßigkeiten ist, die mir aber manchmal wichtig sind. Die vielen Sachen, die ich besitze (Haushaltsartikel, Lebensmittel, Bücher, CDs, andere schöne Dinge), die natürlich meine kleine Wohnung überfüllt bis unordentlich aussehen lassen, wofür ich mich schäme, wenn Leute zu Besuch kommen, von denen ich weiß, dass es bei ihnen anders aussieht, obwohl ich sehr stolz auf meine schöne Wohnung bin und mich darin sehr wohl fühle. Außerdem braucht man die Sachen schon oft. Die Haushaltsartikel erleichtern einem die Hausarbeit, die Vorräte sind für spontane Kochabende, ich bin halt gerne gut ausgestattet. Auch wenn wir mit anderen Leuten unterwegs sind und jemandem fehlt irgend etwas, werde ich gefragt, ob ich es dabei habe, was auch oft der Fall ist (viel Ballast? Gebraucht werden wollen?). Zu meinen Büchern ist zu sagen, dass ich Bücher liebe, gerne kaufe und früher ununterbrochen gelesen habe, wozu mir heute leider die Ruhe, die Konzentration und auch die Zeit fehlt. Außerdem habe ich, wenn ich privat etwas lese, ein schlechtes Gewissen, weil ich noch für die Uni lesen müsste, deshalb lasse ich es oft ganz – leider.

Meine CDs sind mir auch sehr wichtig, eigentlich läuft bei mir immer irgendeine Musik, ich nehme mir und Freunden auch gern Kassetten auf, und die neueste „Gute-Laune-Musik" trägt doch ganz entscheidend zu meinem Wohlbefinden bei.

Ich liebe es, einkaufen zu gehen, Dinge zu kaufen und sie auch zu gebrauchen, ich erfreue mich daran. Ich könnte nur etwas mehr Geld und Platz gebrauchen. Aber der Bedarf daran scheint mit dem Verbrauch zu steigen.

Manche Leute verstehen einen vielleicht auch nicht, weil sie andere Prioritäten setzen. Leute geben eben für verschiedene Bereiche im Leben ihr Geld aus. Für mich wäre eben ein aufgemotztes Auto oder Designerklamotten rausgeschmissenes Geld (das mir aber in dieser Fülle sowieso nicht zur Verfügung steht, deshalb muss ich mich mit Kleinigkeiten begnügen).

Ich erinnere mich noch dunkel an eine Geschichte, wo jemandem mit viel Besitz, der auch großen Aufwand bei der Beaufsichtigung betrieb, viel oder sogar alles gestohlen wurde, der daraufhin von jemandem mit wenig Besitz gesagt bekam, dass er (der Arme) sein Leben unbeschwerter genießen könnte. Das mag ja auch zutreffen, aber gerade der viele Besitz macht das Leben auch angenehm, finde ich. Für mich wäre es auch schwierig zu entscheiden, auf welche meiner Besitztümer ich verzichten könnte, ich hänge einfach unheimlich an allem.

Das Ziel kann also nicht sein, jeglichen Ballast von sich zu werfen, zumal der Ballast auch Ansichtssache ist. Ich will den Ballast nicht abwerfen. Das Ziel kann nicht erkannt werden."

Wenn wir die Vorgeschichte einer Störung zurückverfolgen, finden wir Zusammenhänge bis hin zum ersten Lebenstag und weiter zurück in die Zeit, in der noch eine biologische Einheit von Mutter und Kind bestand. Hier zeigen sich krankmachende Faktoren nicht nur, wie man meinen könnte, in Form von toxischen Stoffwechselprozessen, sondern auch in psychosozialen Vorgängen wie in der Einstellung der Eltern zum Kind, in ihren Beziehungen zueinander und in den Möglichkeiten, welche die Eltern ihrem Kind zubilligen. So kommt das Kind mit seiner Geburt nicht nur als Träger seiner Entwicklungsmöglichkeiten und Fähigkeiten zu Welt, sondern trifft auf eine durch die Eltern und die Umgebung vorgefertigte Form, welche die Entwicklung seiner Fähigkeiten weitgehend vorherbestimmt. Damit sind Konfliktpotentiale wie auch Konzepte und Schemata der

Konfliktlösung vorgegeben, die sich später als brauchbar oder unbrauchbar erweisen.

*Selbsthilfe* in der Medizin ist nichts Neues. In der Inneren Medizin gibt es Diätvorschriften, Fitnesstrainingsprogramme und Kontrolltabellen. Hier hilft sich der Patient unter Anleitung des Arztes selbst. Diese Hilfe ist inzwischen zu einem wesentlichen Bestandteil der Inneren Medizin wie auch der präventiven Medizin geworden. Ähnlich wie Diätvorschriften bei Zuckerkranken, Leberpatienten und Magenkranken je nach Krankheit und dem spezifischen Befund zusammengestellt werden, können auch für psychosoziale Konflikte Verhaltensprogramme entwickelt werden. Wenn beispielsweise der Ehepartner oder Freund fremdgegangen ist, kann man nicht nur mit dem Schrotgewehr oder dem Schnappmesser Gerechtigkeit und Ehre wiederherstellen, sondern man kann auch auf andere Weise reagieren. Man kann Alkohol trinken und so den Kummer ersäufen; man kann Drogen nehmen und mit ihrer Hilfe eine bessere Welt suchen; man kann Rache üben und selbst fremdgehen. Man kann aber auch die Chance nutzen und konstruktiv in das Problem eingreifen. Die geeigneten Verhaltensalternativen werden aus dem Repertoire der gelernten Lösungsmöglichkeiten und der Laborküche der eigenen Kreativität ausgewählt.

**Es ist nicht wenig Zeit, die wir zur Verfügung haben, sondern es ist viel Zeit, die wir nicht nutzen.**

**Zum Ergreifen der Wahrheit braucht es ein viel höheres Organ als zur Verteidigung des Irrtums.**
(Georg Christoph Lichtenberg)

Man kann auf seinem Standpunkt stehen,
aber man sollte nicht darauf sitzen bleiben –
Wenn Traditionen erstarren

### Der Zauberer

*Der Mullah, ein Prediger, wollte für seine Frau Nüsse holen,
denn sie hatte ihm versprochen, Fesenjan, ein Gericht, das
mit Nüssen zubereitet wird, zu kochen. In der Vorfreude auf
seine Lieblingsspeise griff der Mullah tief in den Bußkrug und
fasste so viele Nüsse, wie er nur mit der Hand erreichen
konnte. Als er versuchte, den Arm aus dem Krug herauszu-
ziehen, gelang es ihm nicht. So sehr er auch zog und zerrte,
der Krug gab seine Hand nicht frei. Er jammerte, stöhnte und
fluchte, wie ein Mullah es eigentlich nicht tun sollte, aber
nichts half. Auch als seine Frau den Krug nahm und mit der
Gewalt ihres Gewichtes daran zog, nützte dies nichts. Die
Hand blieb in dem Hals des Kruges stecken. Nach vielem ver-
geblichem Mühen riefen sie ihre Nachbarn zur Hilfe. Alle
verfolgten voller Interesse das Schauspiel, das sich ihnen bot.
Einer der Nachbarn schaute sich den Schaden an und fragte
den Mullah, wie dies Missgeschick geschehen konnte. Mit
weinerlicher Stimme und verzweifeltem Stöhnen berichtete
der Mullah über sein Unglück. Der Nachbar sagte: Ich helfe
dir, wenn du genau das tust, was ich dir sage! Mit Handkuss
mach ich das, was du mir sagst, wenn du mich nur von diesem Ungeheuer von Krug befreist. Dann schiebe deinen Arm
wieder in den Krug hinein. Dem Mullah kam dies erstaun-
lich vor, denn warum sollte er mit dem Arm in den Krug
hineinfahren, wo er ihn doch aus ihm heraus haben wollte.
Doch er tat, wie ihm geheißen. Der Nachbar fuhr fort: Öffne
jetzt deine Hand, und lasse die Nüsse fallen, die du festhältst.
Dieses Ansinnen erregte den Unwillen des Mullah, wollte er
doch gerade die Nüsse für seine Lieblingsspeise herausholen,
und jetzt sollte er sie einfach fallen lassen. Widerwillig folgte*

*er den Anweisungen seines Helfers. Der sagte: Mach deine Hand ganz schmal und ziehe sie langsam aus dem Krug heraus. Und siehe, der Mullah tat, wie ihm geheißen. Ohne Schwierigkeiten zog er seine Hand aus dem Krug. Ganz zufrieden war er aber noch nicht. Meine Hand ist jetzt frei, wo bleiben aber meine Nüsse? Da nahm der Nachbar den Krug, kippte ihn um und ließ so viele Nüssen herausrollen, wie der Mullah brauchte. Mit größer werdenden Augen und vor Erstaunen geöffnetem Mund sah der Mullah zu und sagte: Bist du ein Zauberer? (Persische Geschichte)*

Eine 27-jährige Chemielaborantin, Arzttochter, die unter Ängsten und Depressionen litt, fiel dadurch auf, dass sie wenig eigene Initiative zeigte, gern irrealen Wunsch- und Zukunftsvorstellungen nachhing, es aber nicht schaffte, wie sie es ausdrückte, „ihr Leben in den Griff zu bekommen". Eines ihrer immer akuter werdenden Probleme beschrieb sie so: „Ich glaube, dass meine Eltern es gern sehen würden, wenn ich verheiratet wäre und Kinder hätte. Den Wunsch nach Enkelkindern äußern sie in letzter Zeit öfter. Vielleicht hängt es auch damit zusammen, dass nicht nur ich älter werde, sondern auch sie. Aber nur um seinen Eltern einen Gefallen zu tun, möchte ich nicht heiraten. Meine Eltern sähen es am liebsten, ich heiratete einen Arzt, der die väterliche Praxis übernimmt, und ich zöge dann mit dem Partner ins Elternhaus. So würden sich vermutlich für meine Eltern einige Probleme lösen."

Bei einer Partnerschaft, die als „Generationspflicht" verstanden wird, kommt es zu der Vorstellung, ab einem bestimmten Alter verheiratet zu sein und Kinder haben zu müssen. Oft stehen die Eltern als treibende Kraft dahinter. Sie möchten, dass ihre Söhne und Töchter eine gute Partie machen, und sie wollen die Enkelkinder verwöhnen. Zu solchen Hochzeiten werden vor allem in orientalischen Kulturkreisen mehrere hundert Personen eingeladen. Die Hochzeit wird zum Lebensziel.

Generationspflicht ist nicht selten mit Geschäftsinteresse gekoppelt: Ein Schwiegersohn muss das Geschäft übernehmen, also darf die Tochter nur einen Mann aus dieser Branche heiraten, der zudem noch fleißig ist. Sie besinnt sich ihrer „Generationspflicht" und fügt sich dem Wunsch des Vaters.

*Drei Reaktionen auf Tradition:*

In jeder Beziehung und Partnerschaft kommt der Aspekt der Tradition zum Tragen. Einmal sind dies die Erwartungen, Aufgabenstellungen und Wünsche, die ich selber als Antwort auf meine Entwicklungsgeschichte und meinen Traditionsbereich mitbringe. Zum anderen sind es die meines Partners. Beide Traditionswelten mit ihren unterschiedlichen Inhalten und Zielprojektionen treffen aufeinander. Hinzu kommt die Frage, inwieweit diese Welten mit den Bedingungen der neuen Zeit übereinstimmen. So lassen sich drei Formen des Umgang mit der Tradition beschreiben. In jedem Fall sind Kombinationsmöglichkeiten mitzubedenken, die durch das Aufeinandertreffen von Traditionskonzepten entstehen (transkultureller Aspekt).

*Der mumifizierte Typ:* Die Beziehung zur Tradition ist gut. Tradition ist die Leitlinie des Lebens. Man übernimmt die Normen und Regeln, die in der vorhergehenden Generation Gültigkeit hatten, hält an ihnen fest und vertritt sie auch, wenn die Bedingungen, unter denen sie einst Gültigkeit hatten, sich geändert haben. Dieser konservative Umgang mit der Tradition gibt Sicherheit in der Orientierung des Lebensplanes, bietet einen klaren Standpunkt, verhindert neue Verunsicherungen, gewährt dies aber nur um den Preis von Starrheit, Fixierung und Verabsolutierung.

*Der revoltierende Typ:* Er wendet sich kategorisch von den alten Überlieferungen ab und möchte am liebsten überhaupt nichts mit ihnen zu tun haben. Da er auf tradierte

Bewältigungsstrategien verzichtet, hat er die Möglichkeit, neue, eigene und damit zeitentsprechende Lösungsmöglichkeiten zu entdecken. Ohne die von der Tradition gewährten Sicherheiten versucht er, allein oder gemeinsam mit dem Partner die volle Verantwortung für die Partnerschaft zu tragen. Der Preis dafür sind Unsicherheit, Überforderungen, soziale Isolierungen und eine für diesen Typ charakteristische Illusion: Aus Protest gegen seine Familientradition, die seiner sozialen Klasse oder seines Kulturkreises, gerät er auf der Suche nach neuen Lösungen in den Bann anderer Traditionen. Was als Revolution gegen die Tradition gedacht war, ist mitunter nur Austausch von Traditionen.

*Der indifferente Typ:* Er möchte an den Traditionen seiner Familie festhalten, sich zugleich aber von ihnen befreien. Hinter diesen Solidaritätskonflikten steht zumeist die Konkurrenzsituation zwischen der Herkunftsfamilie und der eigenen Partnerschaft: Man möchte das Neue, will aber das Alte nicht loslassen. Mitunter gelingt die Integration, vor allem dann, wenn die neue und die alte Welt nicht so verschieden sind und der Partner kompromissbereit ist. Wenn aber der Indifferente zwischen die Traditionsangebote seiner Familie und die Forderungen seines Partners gerät und durch die Aufgaben, Unvereinbares zu vereinen, überfordert ist, beginnt das für ihn typische Leiden. Er fühlt sich hin- und hergerissen, ja sogar innerlich zerrissen, spaltet sich auf in das „brave Kind" sowohl seiner Eltern als auch seines selbständigen Partners. Er will es allen recht machen, macht es aber, wenn das Unglück es will, keinem mehr recht.

*Zielerweiterung:*

In den wellenförmig anmutenden, konservativen, traditionserhaltenden Strömungen gewinnt das „Mumifizierungsmodell" zeitweilig immer wieder an Bedeutung. Ein Beispiel dafür mag die islamische Bewegung der Staaten des Mittleren Ostens sein. Hier wird der vermeintlichen Bedrohung der religiös-gesellschaftlichen Werte ein bewusster Rückgriff auf die islamische Tradition entgegengesetzt und militant-fanatisch propagiert. Andere Religionen und kulturelle Werte werden dann offen unterdrückt und verfolgt.

*Spezielle Fragen:*

Zu welchem Typ man gehört, ist keine Entscheidung des freien Willens. Mitunter merkt man erst, wie man reagiert, wenn man beginnt, sich zu beobachten und die Beobachtungen zu differenzieren. Die meisten traditionellen Verpflichtungen, wie sie durch „Generationspflicht" weitergegeben werden, sind mit dem eigenen Selbstwertgefühl verknüpft. Man hat sich mit ihnen identifiziert und sie zum Teil des eigenen Ichs gemacht. Es kommt darauf an, den Traditionsaspekt positiv zu begreifen und ihn aus den emotionalen Verstrickungen durch Ablösungsgefühle, Schuldvorwürfe und Trennungsängste zu lösen. Hilfen im Umgang damit sind die Fragen:

Zu welchem Typ gehöre ich im Umgang mit dem mich im Augenblick bewegenden Problem?

Welche Position vertritt mein Partner?
Welche traditionsbezogenen Inhalte sind daran beteiligt (Ordnung, Sauberkeit, Treue, Leistungsverpflichtungen etc.) und was bedeuten sie für uns?

Welche Möglichkeiten der sozialen Beziehungen lässt das Traditionskonzept zu, welche fordert es und welche sozialen Beziehungen werden vernachlässigt oder blockiert?

Welches Instrumentarium steht uns im Rahmen unseres Traditionskonzeptes zur Verfügung und wie können wir es sinnvoll erweitern im Sinne der Fähigkeit, uns schrittweise von der Tradition zu befreien?

„Die alten Gewohnheiten sollte man nicht auf einmal aus dem Fenster werfen, sondern sie wie einen netten Gast höflich bis zur Haustür begleiten."
(Grundsatz der Positive Psychotherapie)

Eine Mutter hielt sehr viel von antiautoritärer Erziehung. Und als das erste Kind geboren wird, fragte die Nachbarin: „Ist es denn ein Junge oder ein Mädchen?" Antwort der Mutter: „Darüber soll unser Kind später einmal selbst entscheiden dürfen!"

Lass dir von keinem Fuhrmann imponieren, der dir erzählt: „Lieber Freund, das mache ich schon seit zwanzig Jahren so!" Man kann eine Sache auch zwanzig Jahre lang falsch machen.
(Kurt Tucholosky)

**Die Gewohnheit ist ein Seil. Wir fügen jeden Tag einen Faden hinzu, und schließlich können wir es nicht mehr zerreißen.**

# Unter den Menschen gibt es viele Kopien und wenige Originale – Die Einzigartigkeit entdecken

## Vergleiche hinken

*Zum Arzt kam ein Schuster, der unter starken Schmerzen litt und dem Tod nahe schien. Der Arzt gab sich Mühe, fand aber kein Rezept, das noch hätte helfen können. Ängstlich fragte der Patient: „Gibt es nichts mehr, was mich retten kann!" Der Arzt antwortete: „Ich kenne leider keine anderen Mittel." Darauf antwortete der Schuster: „Wenn nichts mehr hilft, dann habe ich zum Schluss noch einen Wunsch. Ich möchte einen Eintopf mit zwei Kilo dicken Bohnen und einen Liter Essig." Der Arzt hob resigniert die Schulter: „Ich halte nicht viel davon, aber wenn Sie meinen, können Sie es versuchen." Die Nacht über wartete der Arzt auf die Todesnachricht. Am nächsten Morgen aber war der Schuster zum Erstaunen des Arztes quicklebendig und gesund. So schrieb er in sein Tagebuch: Heute kam ein Schuster zu mir, für den es kein Mittel mehr gab. Aber zwei Kilo Bohnen und ein Liter Essig haben ihm geholfen.*

*Kurze Zeit darauf wurde der Arzt zu einem schwerkranken Schneider gerufen.*

*Auch in diesem Fall war er am Ende seiner Kunst. Als ehrlicher Mann gestand er dem Schneider dies ein. Der bettelte: „Wissen Sie nicht doch noch eine andere Möglichkeit!" Der Arzt dachte nach und sagte: „Nein, aber vor nicht all zu langer Zeit kam ein Schuster zu mir, der unter ähnlichen Beschwerden litt wie Sie. Ihm halfen zwei Kilo Bohnen und ein Liter Essig." „Wenn nichts mehr hilft, werde ich das halt versuchen", antwortete der Schneider. Er aß die Bohnen mit Essig und war am nächsten Tag tot. Daraufhin schrieb der Arzt in sein Tagebuch: Gestern kam ein Schneider zu mir. Ihm war nicht zu helfen. Er aß zwei Kilo dicke Bohnen mit*

65

einem Liter Essig, und er starb. Was für den Schuster gut ist, ist nicht gut für den Schneider.

Eine 32-jährige Mutter, die unter Angstzuständen leidet und immer wieder Probleme mit dem gesamten Bereich der Gerechtigkeit hat, berichtet Folgendes:

„Ich halte meinen Kindern vor, was andere Kinder besser machen.

Ärgere ich mich über irgend etwas, dann sage ich z.B. zu meiner Tochter: „Sieh dir mal deinen Bruder an, wie er geduldig ist und so schön mit Lego baut. Du blödelst nur rum, wie eine Fünfjährige." Zu meinem Sohn sage ich: „Deine Schwester ist mit sechs Jahren schon allein geblieben oder hat mir mal etwas eingekauft. Du bist noch wie ein Baby und hängst nur am Rockzipfel." Bei jeder Gelegenheit hielt ich meinen Kindern vor, was andere Kinder besser machen. Dies machte ich so lange, bis sie die betroffenen Kinder zu hassen begannen."

Typisch für dieses Beispiel ist, dass hier die Kinder in ihrer Einzigart verkannt werden. Der Versuchung zu vergleichen unterliegen viele: Man vergleicht den eigenen Partner mit anderen, die Freunde mit anderen usw. Dies kann noch legitim sein, wenn der Vergleich sich auf einzelne Fähigkeiten bezieht. Das Leistungssystem unserer Zivilisation, von der Schule angefangen bis zum Beruf, beruht auf dieser Vergleichbarkeit. Gerade dies gibt Anlass genug, sich Gedanken zu machen. Die tägliche Erfahrung zeigt, dass Menschen, obwohl sie als Menschen untereinander eine gewisse Ähnlichkeit haben, sich in unzähligen Einzelheiten voneinander unterscheiden. Diese Unterschiede treten in den Bereichen des Körpers, der Umwelt und der Zeit auf.

*Einzigartigkeit und Körper:* Trotz aller Regelhaftigkeiten und Gesetzmäßigkeiten, welche die Wissenschaft der Anatomie, Physiologie, Pharmazie und Biochemie für Aufbau und Funktionen des menschlichen Körpers festgestellt haben, stoßen selbst diese Wissenschaften immer wieder auf die Bedeutung der Einzigartigkeit des Menschen. Sie zeigt sich hier vor allem durch Abweichungen von der statistischen Norm, die jedoch nicht unter den Krankheitsbegriff fallen.

Eine Schlussfolgerung, die daraus zu ziehen ist, lautet: Art und Menge eines Medikaments sind individuell zu bestimmen. Die Individualität findet sich ebenso im Bereich des Stoffwechsels und der Ernährung. Während manche Menschen durch den Genuss von Kaffee angeregt werden und nach einer Tasse Kaffee am Abend nicht schlafen können, bleibt bei anderen Kaffee ohne Einfluss auf den Schlaf. Das menschliche Nervensystem belegt exemplarisch die Tatsache der Individualität und Einzigartigkeit: Die Gehirne der Menschen unterscheiden sich derart in Struktur, Masse und Gewicht, dass man behaupten kann, dass es keine zwei Menschen mit einem gleichen Gehirn gibt. Dieser anatomische Sachverhalt spiegelt sich in den individuellen Erlebnisweisen wider. Untersuchungen zum Tastsinn, zur Wärme- und Kälteempfindung und zur Schmerzempfindlichkeit zeigen, dass jeder Mensch auf entsprechende Reize unterschiedlich reagiert. Mit anderen Worten: Jeder erlebt die Welt auf seine Weise.

*Einzigartigkeit und Umwelt:* Die Variationsmöglichkeiten hinsichtlich der Einzigartigkeit des Körpers und der Sinne werden um ein Mehrfaches gesteigert, wenn man den Einfluss der Umwelt mit berücksichtigt. Die Umwelt wirkt auf jeden Einzelnen, jeden Tag und jede Nacht. Die Art und Weise, wie die Eltern ein Kind behandeln, welche Geduld sie aufbringen, welche Position das Kind in der Geschwisterreihe hat – Erstgeborenes, Nesthäkchen oder „Sandwich"–, nimmt Einfluss auf die jeweilige Entwicklung. Kindergarten, Schule und das Verhältnis zu Gleichaltrigen spielen eine Rolle. Später wirken auf die Entwicklung die beruflichen Möglichkeiten, die Berufswahl, die Erfahrung mit Partnern, die Art der zwischenmenschlichen Beziehungen und die Religion oder Überzeugungen ein.

Die unterschiedliche Entwicklung eines Menschen basiert somit einerseits auf der Einzigartigkeit der Fähigkeiten, andererseits auf dem Einfluss der Umwelt:

Kinder sind unterschiedlich:

Manche Kinder beginnen früher zu fragen als andere. Die einen entwickeln eine große Ausdauer und Intensität beim Fragen, die anderen fragen weniger.

Manche Kinder interessieren sich mehr für Märchen und sind früher bereit, Märchen zu hören als andere.

Manches Kind entwickelt eine lebendige Phantasie, ein anderes bleibt hingegen mehr auf der Ebene der Realität.

Es gibt Kinder, die in einem bestimmten Entwicklungsabschnitt zu einem Elternteil eine intensivere emotionale Beziehung entwickeln.

Ein Kind bevorzugt beim Spiel seine Geschwister, ein anderes spielt lieber alleine, das dritte ist beim Spiel auf die Gemeinschaft anderer angewiesen.

Solche Unterschiede lassen sich dann auch im Erwachsenenalter feststellen.

*Einzigartigkeit und Zeit:* Körper und Umwelt sind ihrerseits wieder von einem anderen Faktor abhängig, nämlich dem der Zeit. Körper und Umwelt sind nicht statisch. Sie unterliegen ständigem Wandel. Der Begriff der Einzigartigkeit soll jedoch nicht dazu dienen, alle möglichen auftretenden Entwicklungsstörungen zu verdecken. Deshalb lässt sich die Entwicklung eines Menschen erst dann verstehen, wenn man dessen Einzigartigkeit mit dem zu erwartenden Entwicklungsverlauf, den die Entwicklungspsychologie und -physiologie beschreibt, vergleicht.

Einmaligkeit ist Einzigartigkeit, abhängig von der Zeit. Wenn zum Beispiel ein Kind lügt, kommt es auf das Verhalten der Eltern an, welche Konsequenzen dies für die spätere Entwicklung des Kindes hat. Wird das Verhalten des Kindes unter dem Aspekt der Zeitdimensionen gesehen, erkennt man seine Einmaligkeit: Das Kind kann morgen, übermorgen oder nächstes Jahr bei veränderter Umweltsituation ein anderes Verhalten zeigen. Wird die Einmaligkeit verkannt, wird eine Situation der Einzigartigkeit angelastet, so verwechselt man ein konkret-situatives Verhalten eines Kindes mit seinem Wesen. Daher kann eine Bezugsperson Verhaltensauffälligkeiten unterschiedlich auffassen. Eine Enttäuschung beispielsweise braucht somit nicht notwendigerweise als solche erlebt zu werden, sondern kann ebenso gut zur Erweiterung der Erkenntnis führen. Die Fähigkeit, über die Gegenwart hinauszugehen, beinhaltet zugleich die Fähigkeit, einen Menschen, über den man sich ärgert und den man sogar hasst, dennoch zu akzeptieren. Man behält somit die Flexibilität, entsprechend einer neuen Situation zu handeln, welche die alte in einem anderen Licht erscheinen lässt.

*Zielerweiterung:*

Die Änderungsmöglichkeiten des menschlichen Verhaltens sind relativ groß, gemessen an dem, was man bisher für veränderbar hielt. Ein Kind ist nicht zu dem verurteilt, was es im Augenblick ist. Dies gilt für körperliche Leiden wie für seelische Störungen. Dennoch finden die Änderungsmöglichkeiten ihre Grenze in der Zeit.

Da jeder Mensch hinsichtlich seines Körpers und des Erlebens seiner Umwelt Einzigartigkeit besitzt, ist es zumindest problematisch, von sich auf den anderen oder von anderen auf sich zu schließen. Das gilt für Aussagen und Schlussfolgerungen wie:

„Die Peitsche hat mir auch nicht geschadet, warum soll sie meinen Kindern schaden?" (42-jähriger Rechtsanwalt)

„Meine Eltern haben für mich auch keine Zeit gehabt. Ich habe es trotzdem zu etwas gebracht. Es ist nicht einzusehen, wieso die Schwierigkeiten meines Kindes darauf zurückgehen sollen, dass ich zu wenig Zeit habe." (45-jähriger Bauunternehmer)

„Mein Freund trinkt noch mehr Alkohol als ich, warum soll es mir dann schaden?" (24-jähriger Student)

„Ich habe das Medikament, das mir so gut getan hat, meiner Freundin gegeben." (32-jährige Hausfrau)

„Alle männlichen Familienmitglieder sind Ingenieure geworden. Es ist gar nicht einzusehen, warum unser Jüngster Kunst studieren möchte." (44-jähriger Ingenieur)

Für uns alle gilt es, die besonderen und individuellen Stärken und Fähigkeiten des anderen Menschen zu erkennen. Es kommt nicht so sehr darauf an, dass ein Mensch mit anderen hinsichtlich einer Fähigkeit gut konkurrieren kann und sich sogar dort als der Beste erweist. Wichtiger erscheint vielmehr, unabhängig von einem derartigen Vergleich die besonderen Fähigkeiten zu erkennen und ihre Entwicklung zu unterstützen. Manche Menschen sind mehr praktisch begabt, andere besitzen mehr abstrakte Fähigkeiten. Manche zeigen organisatorische Fähigkeiten, wieder andere zeigen sich auf künstlerischem Gebiet erfolgreich. Es gibt somit genügend Möglichkeiten, innerhalb derer jemand seine besonderen Fähigkeiten entwickeln kann.

*Die Arbeit des Erziehers gleicht der eines Gärtners, der verschiedene Pflanzen pflegt. Eine Pflanze liebt den strahlenden Sonnenschein, die andere den kühlen Schatten; die eine liebt das Bachufer, die andere die dürre Bergspitze. Die eine gedeiht am besten auf sandigem Boden, die andere in fettem Lehm. Jede muss die ihrer Art angemessene Pflege haben, andernfalls bleibt ihre Vollendung unbefriedigend. (Aus den Bahaï Schriften)*

**Lerne zu unterscheiden zwischen Einzigartigkeit
und Einförmigkeit.**

# Liebe ist wie ein Glas, das zerbricht, wenn man es zu locker oder zu fest anfasst – Liebe und Gerechtigkeit

### Geteilte Pflichten

*„Ich halte es nicht mehr aus. Die Pflichten sind wie Berge, die ich nicht mehr von der Stelle rücken kann. Am frühen Morgen muss ich dich wecken, den Haushalt ordnen, die Teppiche säubern, die Kinder beaufsichtigen, auf dem Basar einkaufen, dir abends deine geliebte Reisspeise kochen und dich schließlich nachts noch verwöhnen."* So sprach eine Frau zu ihrem Mann. An einem Hühnerschenkel kauend, meinte dieser bloß: *„Was ist schon dabei. Alle Frauen machen das Gleiche wie du. Da hast du es doch gut. Während ich die Verantwortung trage, sitzt du doch zu Hause herum."* *„Ach",* jammerte die Frau, *„wenn du mir doch ein bisschen helfen könntest."* In einem Anfall von Großmut stimmte der Mann schließlich dem folgenden Vorschlag zu: Während die Frau für alles, was im Hause geschah, zuständig sein sollte, wollte er die Aufgaben außerhalb des Hauses übernehmen.

Diese Teilung der Pflichten ließ das Ehepaar über längere Zeit hinweg zufrieden zusammenleben. Eines Tages saß der Ehemann nach getätigtem Einkauf mit Freunden in einer Kaffeestube und rauchte zufrieden die Wasserpfeife. Ein Nachbar stürmte plötzlich herein und rief aufgeregt: *„Komm schnell, dein Haus brennt."* Der Mann zog genüsslich an dem Mundstück der Wasserpfeife und meinte dann mit wunderbarem Gleichmut: *„Sei so nett und sag es meiner Frau, denn schließlich ist sie für alles, was im Haus geschieht, verantwortlich. Ich bin nur für den Außendienst zuständig."*

„Obwohl ich genau wusste, dass es nicht gut geht, habe ich meinen Mann geheiratet." Warum eigentlich? Die jetzt 26-jährige Frau hatte mit 18 Jahren, kurz nach Beginn des

Studiums, ihren späteren Mann kennen gelernt. Beide hatten im Studentenwohnheim auf dem gleichen Stockwerk gewohnt, und beide hatten sich in der fremden Umgebung recht allein gefühlt. Man ging miteinander aus, traf sich dann im Zimmer, wollte die Nacht nicht allein verbringen, gewöhnte sich aneinander, blieb bis zum Ende des Studiums zusammen, wagte es kaum mehr, an Trennung zu denken, und heiratete schließlich, obwohl manches die beiden hätte aufmerksam machen können: Schon bei ihrer ersten Begegnung habe sie sich darüber geärgert, dass er nur für sein eigenes Getränk sorgte und sich um ihr Getränk nicht kümmerte. Später belastete sie, dass er sie alles bezahlen ließ und dies als selbstverständlich hinnahm. Dann merkte sie recht bald, dass er kaum sportliche Interessen hatte und nicht einmal eine Badehose besaß, weil er nicht schwimmen wollte. Dies alles konnte die automatische Entwicklung der Partnerschaft bis hin zur Ehe nicht bremsen. Die Ehe kam, wie sie später meinte, so sicher und schicksalhaft „wie das Amen in der Kirche".

*Beispiele für Überbetonung der Gerechtigkeit:*

„Ich arbeite für dich draußen, damit du für mich und die Kinder zu Hause sorgst."

„Du hast jetzt keine Zeit für mich, also werde ich demnächst auch keine Zeit für dich haben."

„Du hast keine Zeit für mich, also werde ich jemanden suchen, der Zeit für mich hat."

„Du hast heute beruflichen Erfolg, du hast für uns was besorgt, dafür will ich ganz besonders lieb zu dir sein."

„Da du in der Schule gute Leistungen gezeigt hast, kannst du heute ins Kino gehen."

„Du hast dich bei den Gästen sehr höflich benommen, dafür kannst du etwas länger aufbleiben und Fernsehen gucken."

Für Gerechtigkeit wiegen Gleichheit und Vergleichbarkeit schwer. Diese Erkenntnis war das Grundprinzip der Gesetzgebung, wie es sich schon bei Hamurabi (1686–1728 v. Chr.) findet: Strafe bringt Schutz und erweitert die Einsicht des Volkes und ist das Mittel zur Vorbeugung gegen Wiederholung von Verbrechen. Zum Prinzip erhobene Gerechtigkeit, die auch immer noch in unserer Gesetzgebung herrscht, bestimmt in vielen Fällen die Erziehungsformen. Gerechtigkeit in der partnerschaftlichen Beziehung verabsolutiert, führt in den Teufelskreis, in dem eine Ungerechtigkeit die andere nach sich zieht. Ehe wird hier zur Ehehölle. Wenngleich Gerechtigkeit in den Augen der meisten als Inbegriff von Konsequenz gilt, zeigt sich die Gerechtigkeit im Erleben recht unstabil. Eine Handlung wird nach dem Erlebniszusammenhang gewertet. Das eigene Wertsystem, bisher akzeptierte Vorstellungen und eigene Wünsche bleiben davon unangetastet.

*Beispiele für Überbetonung der Liebe:*

„Ich bin immer für dich da und gebe dir alles, was ich habe, gleichgültig, was du mir gibst."

„Ich habe Vertrauen zu dir und hoffe auf dich."

Diese Aussagen sind Aussagen der Liebe. Liebe ist das Zeichen der positiven emotionalen Zuwendung und umfasst den Menschen als Ganzen. Man baut nicht auf bestimmte Eigenschaften, Fähigkeiten und Eigenarten auf, sondern meint den Träger dieser Eigenschaften: „Ich liebe dich, weil du du bist."

Diese Haltung besitzt für die partnerschaftliche Beziehung in manchen Fällen gewisse Vorteile. Auftretende Schwierigkeiten werden nicht erst hochgespielt, offene Konflikte werden vermieden.

In extrem Fällen verliert die Liebe die Kontrolle über die Wirklichkeit und löst sich von den konkreten Bedingungen ab. Man spricht in solchen Fällen von Affenliebe. Während im Fall der Gerechtigkeit gegenüber dem Kind oder Partner Erwartungen gehegt werden, die in der Gegenwart erfüllt werden sollen, ist die Erwartungshaltung der Liebe auf eine unbekannte Zeit bezogen. Man ist geduldig und hofft, dass irgendwann die Liebe (die Aufopferung) dem Partner gegenüber von diesem selbst, durch die Anerkennung der Umwelt oder durch Gott ihre Belohnung finden:

> „Wenn mein Sohn unordentlich ist, sehe ich das gar nicht."

> „Mein Mann hat sehr wenig Zeit. Ich sage es ihm nicht, ich möchte ihm nicht weh tun. Gleichgültig was er macht, ich liebe ihn doch."

Beherrscht das Prinzip der *Gerechtigkeit* die Erziehungssituation, werden Konflikte aktiv ausgetragen: man kritisiert. Im extremsten Fall führt das Prinzip der Gerechtigkeit dazu, dass Kinder geschlagen und Jugendliche von ihren Eltern verstoßen werden, Freundschaften auseinander gehen und Ehen geschieden werden. Man will einfach von dem Kind nichts mehr wissen, weil es das nicht erfüllt hat, was man von ihm erwartet: „Du willst dich nicht fügen, also hast du bei uns nicht mehr zu suchen."

Dominiert das Prinzip der Liebe, ergibt sich die Gefahr eines gegenteiligen Effektes. Konflikte schwelen hinter der Maske der Geduld und Höflichkeit, ohne dass die Möglichkeit besteht, von Zeit zu Zeit etwas Dampf abzulassen. Da die Konflikte nicht schrittweise verarbeitet werden, kommt es manchmal zu explosionsartigen Ausbrüchen. Solche Menschen stecken alles ein; oft sind sie ergebene Diener ihrer Kinder. Irgendwann aber genügt ein geringer Anlass, um etwas geschehen zu lassen, das alles Erwartete übersteigt. Sie können ihre Energie nicht dosieren. Es gilt der Grundsatz: Alles oder nichts. Eine sonst friedfertige Mutter bekommt einen unerwarteten Tobsuchtsanfall und misshandelt ihre Kinder bei einem unerheblichen Verstoß. Ein bescheiden und harmlos wirkender Vater erschlägt sein sechsjähriges Kind, weil es eine Speise nicht essen wollte; dieser Vater hatte sein Kind bis dahin noch nie geschlagen. Eine Ehefrau verlässt ihre Familie, nachdem ihr Mann den Hochzeitstag vergessen hat.

Es gibt nicht nur den gerechten oder den liebenden Menschen. Gerechtigkeit und Liebe gehen so schnell ineinander über, dass oft der Konfliktpartner nicht weiß, woran er eigentlich ist. Stellen wir uns einen Ehekrach vor: Die Ehefrau hat vergessen, auf die Bank zu gehen und den Auftrag für ihren Mann zu erledigen. Ihr Mann ist darüber sehr erbost und schreit seine Frau an: Man kann sich auf dich gar nicht verlassen. So gerecht er sich bei diesem Gefühlsausbruch vorgekommen sein mag, so schnell entstehen Schuldgefühle: Ich hätte sie nicht anschreien sollen. Als er seine Frau in der Küche abwaschen sieht, bindet er sich eine Schürze um, hilft abtrocknen und murmelt:

Ich habe es nicht so gemeint. Umgekehrt kann sich Liebe in strenge Gerechtigkeit verwandeln, wenn Erwartungen, die mit der Liebe und Zuwendung verbunden waren, nicht erfüllt werden. Das Schwierige an derartigen Situationen ist, dass der Partner meist keine Einsicht in die Bedingungen des Gesinnungswandels hat und trotziges Schweigen deren Enthüllung oft verhindert.

*Zielerweiterung:*

Auf Gerechtigkeit und Liebe bauen das menschliche Zusammenleben und die Erziehung auf. Beide Prinzipien aber
können zu seelischen und sozialen Konflikten führen,
wenn eines von ihnen verabsolutiert, das andere aber unter-
bewertet wird oder wenn beide nicht im Zusammenhang
mit der Zeitdimension gesehen werden.

Es ist richtig, Forderungen im Sinn der Gerechtigkeit an den
Partner zu stellen. Er erwartet sogar diese Forderung. Versagt
er aber, ist es nötig, zwischen der mangelnden Leistung und
ihm selbst zu unterscheiden. Das heißt: Ich nehme dich so,
wie du bist, auch wenn du jetzt in diesem Bereich versagt
hast. Ich weiß, dass du aus deinen Fehlern lernen kannst,
und ich werde aus meinen Fehlern lernen.

**Lerne zu unterscheiden
zwischen Liebe und Gerechtigkeit.**

*Spezielle Fragen zu Liebe und Gerechtigkeit:*

*Gerechtigkeit*
Die Fähigkeit, im Verhältnis zu sich selbst und anderen
gegenüber Interessen abzuwägen. Als ungerecht empfindet
man dabei eine Behandlung, die von persönlicher Zu- und
Abneigung oder Parteinahme statt von sachlichen Überlegungen diktiert wird. Der gesellschaftliche Aspekt dieser
Aktualfähigkeit ist die soziale Gerechtigkeit. Jeder Mensch
besitzt einen Gerechtigkeitssinn. Die Art, wie Bezugspersonen ein Kind behandeln, wie gerecht sie zu ihm, zu seinen
Geschwistern und zueinander sind, prägt das individuelle
Bezugssystem für die Gerechtigkeit.

Wer von Ihnen legt mehr Wert auf Gerechtigkeit? (Gerechtigkeit oder Ungerechtigkeit in welchen Situationen
und wem gegenüber?)

Halten Sie Ihren Partner für gerecht (den Kindern, den Schwiegereltern, den Mitmenschen, Ihnen selbst gegenüber)?

Wie reagieren Sie, wenn Sie ungerecht behandelt werden (im Beruf, in der Familie etc.)?

Haben Sie oder hatten Sie Probleme mit Ungerechtigkeiten? Wurde Ihnen jemand bevorzugt?

Wer von Ihren Eltern achtet Ihnen oder Ihren Geschwistern gegenüber mehr auf Gerechtigkeit (Situation)?

*Liebe*

Die Fähigkeit zu einer positiven emotionalen Beziehung, die sich auf eine Reihe von Objekten in unterschiedlicher Gradabstufung richten kann. Liebe beinhaltet kein einheitliches Verhalten: Man hat die Fähigkeit, einen anderen zu lieben, und die Fähigkeit, sich so zu verhalten, um geliebt zu werden. Die allgemeine Empfehlung „Gebt dem Kind mehr Liebe!" hilft recht wenig, wenn zugleich der Aufschluss darüber fehlt, in welchem Bereich ein Liebesdefizit vorliegt und welcher Art der emotionalen Beziehung daher besonderer Wert beizumessen ist. Die vordringlichsten Äußerungsformen von Liebe in der Erziehung sind: Vorbild, Geduld, Zeit.

Akzeptieren Sie sich selbst (Ihren eigenen Körper)?

Wer von Ihnen ist mehr geneigt, den anderen Partner zu akzeptieren?

Wollen Sie Ihren Partner am liebsten nur für sich alleine haben?

Fühlen Sie sich in einer größeren Gruppe geborgen oder bedrängt?

Was würden Sie machen, wenn Ihr Partner berufliche und finanzielle Probleme hätte? Blieben Sie dann noch bei ihm?

Was würde geschehen, wenn Sie plötzlich nur noch mit dem Existenzminimum leben müssten?

Können Sie mit geschäftlichen bzw. Dingen des Haushalts auch ohne Ihren Partner umgehen oder sind Sie auf ihn angewiesen?

Was bewegt Sie dazu, anderen Menschen etwas Gutes zu tun?

Wurden Sie als Kind und später als Jugendlicher von Ihren Eltern akzeptiert?

War man bei Ihnen zu Hause großzügig oder sparsam mit Zärtlichkeiten, Zuwendungen oder Liebesbeweisen?

Die Zukunft ist das noch Unbekannte. Der Mensch ist darauf angelegt, sich nicht nur mit der Vergangenheit und Gegenwart zu beschäftigen. Er plant darüber hinaus für die Zukunft, denkt an das, was noch nicht ist. Er versucht, seine Zukunft in den Griff zu bekommen und zu organisieren. Man kann davon sprechen, dass die Vorstellung eines Menschen davon, wie er seine Zukunft bewältigen möchte, seinen Lebensplan darstellt. Die Zukunftsplanung beschränkt sich nicht nur auf die eigene Zukunft. Man fühlt sich auch für die Menschen im umfassendsten Sinn verantwortlich. Mann kann in diesem Sinne von einem Gerechtigkeitssinn sprechen, den jeder Mensch besitzt. Die Ungerechtigkeit der engeren Mitmenschen, also der Eltern, Geschwister, der Erziehungssituation, der Lehrer, im Beruf und moralischen Institutionen können erheblichen Einfluss auf den Gerechtigkeitssinn und damit auf das Vertrauen und die Hoffnung ausüben.

Gerade für den Jugendlichen ist die Konfrontation mit der Gerechtigkeit und Ungerechtigkeit der Welt von herausragender Bedeutung. Die Störungen während der Pubertät sind unter diesem Aspekt nicht sinnlos. Sie besitzen vielmehr einen Sinn, den wir erst verstehen lernen. Die Unruhe in der Welt erzeugt einerseits Ängste, Aggressionen, innere

Unruhe und das Gefühl der Unsicherheit. Andererseits gibt sie uns die Chance, unsere festgefahrene Tradition zu prüfen und sie zeitgemäßer und somit menschlicher zu gestalten. Und dies hat auch Wirkungen auf eine spätere Partnerschaft.

**Viele Menschen bauen zu viele Mauern
und zu wenig Brücken. (Isaac Newton)**

**Manchmal zahlt man den höchsten Preis für Dinge,
die man umsonst bekommt. (Albert Einstein)**

## Die Besonderheiten des Partners sehen –
## Liebe braucht Pflege

### Der Sinn einer bitteren Melone

*Ein Herr hatte einen Diener, der ihm sehr ergeben war. Eines Tages gab er dem Diener eine Melone, die reif und köstlich ausschaute, nachdem sie aufgeschnitten war. Der Diener aß ein Stück, dann noch eines und noch eines mit großem Genuss, bis fast die ganze Melone aufgegessen war. Der Herr wunderte sich sehr darüber, dass sein Diener ihm nichts anbot. So nahm er das letzte Stück, probierte es und fand die Melone übermäßig bitter und ungenießbar. „Warum ist sie bitter? Fandest du es nicht so?", fragte er den Diener. „Ja, mein Herr", antwortete dieser, „sie war bitter und unangenehm, aber ich habe so viel Süßes von deinen Händen gekostet, dass eine bittere Melone nicht erwähnenswert war."*

Ein 36-jähriger Beamter erzählt, dass die Attraktivität und das sichere Auftreten seiner Frau ihm zu Beginn ihrer Beziehung sehr imponiert hätten. Doch dann berichtet er weiter: „Meine Frau ist sehr temperamentvoll, trägt das Herz auf der Zunge, ist kompromisslos und extravertiert. Ich bin ruhig, ausgleichend, introvertiert, diplomatisch. Meine Frau profitiert mehr von meiner ruhigen ausgleichenden Art als ich von ihr. Im Gegenteil, manchmal drängt sie sich in den Vordergrund, was mich als Schwächling erscheinen lässt."

Hier zeigt sich die Schwäche des Modells, Partnerschaft ausschließlich auf die Basis gegenseitigen Ausgleichs zu stellen. Wenn man seine vermeintlichen Schwächen durch die Fähigkeiten des Partners kompensieren will, werden sie nicht aufgehoben, im Gegenteil, die Stärken des Partners kränken uns durch ihr bloßes Vorhandensein und führen uns die eigenen Schwächen und Unzulänglichkeiten ständig vor Augen. So kommt es nicht selten vor, dass der Hauptgrund der Partnerschaft im Laufe der Zeit zum Hauptvorwurf wird: „Ich kann deine Art nicht leiden. Wir sind ganz unterschiedliche Typen."

Wenn man *einen* Bereich des Partners in den Vordergrund stellt, kann es auch bedeuten, ihn nicht in seiner ganzen Persönlichkeit wahrzunehmen. Durch ungleichmäßige Verteilung der Energien werden bestimmte Bereiche überbetont und andere geraten in den Schatten.

*Spezielle Fragen:*

Habe ich meinen Partner richtig verstanden?

Habe ich mich verständlich ausgedrückt?

Warum konnte er mich nicht richtig verstehen?

Wie kam es zu dem Missverständnis?

Bricht mir ein Zacken aus der Krone, wenn ich ein Missverständnis eingestehe?

Wenn sich mein Partner Mühe gibt, mich zu verstehen, werde auch ich in der Lage sein, Zugeständnisse zu machen?

Ist das Problem zu ändern?

Will ich überhaupt das Problem ändern?

Kann mein Partner meinen Erwartungen entsprechen?

Will er eine Lösung des Problems?

Habe ich schon Versuche in Richtung einer Problemlösung unternommen?

Sehe ich unsere Situation ehrlich und offen?

Bringe ich meine Meinung ehrlich zum Ausdruck?

Bin ich bereit, meinem Partner zuzuhören?

Bin ich überhaupt bereit, meinem Partner Zeit zu geben und mir selbst Zeit zu nehmen, oder erwarte ich, dass eine Änderung von einem Augenblick zum anderen erfolgt?

Erwarte ich, dass der andere sich ändert, oder bin ich selbst zur Änderung bereit?

Gebe ich mir und meinem Partner noch eine Chance?

Bin ich auch während eines großen Konfliktes meinem Partner treu?

*Zielerweiterung:*

Partner und ihre Handlungsweisen beurteilen wir nicht objektiv; vielmehr unterscheidet sich diese Wahrnehmung von Person zu Person: nach den Erfahrungen, der Tiefe emotionaler Beziehungen und den Erwartungen, die man in einen Partner setzt. Folge dieser Subjektivität in der Partnerwahrnehmung sind Missverständnisse, die man, wenn man selbst der Beteiligte ist, nur schwer als solche erkennt. Oft genug besteht jedoch ein vages Gefühl.

Ein Rollentausch stärkt das gegenseitige Verständnis und Einfühlungsvermögen. Die Technik ist einfach. Für eine Woche geht der männliche Partner einkaufen, der weibliche Partner übernimmt die Aufgabe, Gäste einzuladen. Auch im sexuellen Bereich ergreifen die Partner wechselseitig die Initiative. Diese Methode ist nicht formalistisch, sondern kann für die Beteiligten ein echtes Abenteuer sein, indem sie versuchen, neue Verhaltensbereiche und Formen der partnerschaftlichen Beziehung zu erschließen.

*Wer Blumen liebt, muss zunächst eine positive Beziehung zu ihnen haben. Die positive Beziehung allein reicht aber nicht aus, die Pflanze würde welken. Wer Blumen liebt, muss auch wissen, welche Blumen er bevorzugt. Wer Blumen liebt, muss wissen, was Blumen brauchen. Er muss ihnen Wasser und Nährstoffe, saubere Luft und Sonne gewähren. Aber auch dann können seine Blumen welken. Wer Blumen liebt, braucht Erfahrung und den Rat derer, die Erfahrung gesammelt haben. Ihr Rat hilft, Fehler in der Pflege zu vermeiden, Wachstumsstörungen, Mangelerscheinungen oder Folgen der Überdüngung auszugleichen.*

*Ehemann: „Weißt du, Liebling, ich werde hart arbeiten, und eines Tages werden wir reich werden."*
*Ehefrau: „Wir sind schon reich, Liebster, denn wir haben einander. Eines Tages werden wir vielleicht Geld haben."*

*Frage: „Hast du dich von deiner Freundin getrennt, weil sie eine Brille bekommen hat?"*
*Antwort: Nein, sie trennte sich von mir, als sie die Brille hatte!"*

*Frage: „Wie geht es dir?"*
*Antwort: „Leider nicht gut. Meine Frau will sich scheiden lassen."*
*Frage: „Aber warum denn?"*
*Antwort: „Sie sagt: Ich bin grausam und nehme keine Rücksicht auf sie. Dabei war ich immer so nett zu ihr. Jeden Morgen hab ich ihr den Kaffee ans Bett gebracht. Sie brauchte ihn nur noch zu mahlen."*

**Liebe lebt von liebenswürdigen Kleinigkeiten.**

**(Theodor Fontane)**

**Man muss lieben, wenn man geliebt werden möchte.**

# Wer andern eine Grube gräbt, fällt selbst hinein – Warum Rache bitter schmeckt

## Geteilter Lohn

*Ein Wanderprediger des alten Orients kam mit einer wichtigen Botschaft in eine fremde Stadt. Nur dem König selber wollte er diese übergeben. So sehr ihn die Minister des Hofes drängten, ihnen diese Botschaft auszuhändigen, er blieb standhaft bei seinem Entschluss. Und wirklich, nach einem Gespräch mit einem Wesir unter vier Augen wurde er dem König zugeführt. Der König zeigte sich sehr erfreut über die Botschaft des Wanderers und stellte ihm frei zu wünschen, was immer er wolle. Zum Erstaunen aller verlangte dieser in aller Bescheidenheit hundert Stockschläge. Nachdem er die ersten fünfzig Schläge erhalten hatte, rief er: „Haltet ein! Die restlichen fünfzig Schläge soll der Wesir bekommen. Ihm hatte ich die Hälfte meiner Belohnung versprochen."*

Die 52-jährige Gattin eines angesehenen Akademikers litt unter einer ausgeprägten Depression, weil sie mit ihrem Mann in einer tiefen Ehekrise steckte. In dieser Zeit fiel die Patientin mehrmals beim Ladendiebstahl auf. Die Kleptomanie beunruhigte den Ehemann sehr, so dass er zur Mitarbeit in der Psychiatrie bereit war.

Es stellte sich heraus, dass die Patientin sehr unter der mangelnden Aufmerksamkeit ihres Mannes litt. Er kannte nur seine Arbeit und sie hatte auch das Gefühl, als Person nicht mehr wahrgenommen zu werden.

Die Kleptomanie war für sie ein Weg, sich zum einen durch kleine Aufmerksamkeiten zu „beschenken", zum anderen aber auch ihren Mann durch ihr Auffälligwerden mit zu „bestrafen". Allerdings musste sie dafür auch die eigene Beschämung – und auch Strafe – in Kauf nehmen. Ihr – unbewusstes – Rachebedürfnis hatte sich auch gegen sie selbst gerichtet.

Bestrafung kann in der Partnerschaft in unterschiedlichen Formen und Graden praktiziert werden: als Selbst- und Fremdbestrafung, „masochistisch" und „sadistisch" und in verschiedenen Bereichen:

*körperlich* durch Verweigerung von Zärtlichkeit oder durch Misshandlung, so dass Frauen in Frauenhäusern Zuflucht suchen müssen; bewusst oder eher unbewusst, in dem man zum Beispiel den Einsatz oder die Verweigerung sexueller Kontakte als „Waffe" einsetzt;

im *Leistungsbereich* durch die Verweigerung von Mitarbeit im Haushalt oder durch finanzielle Einschränkungen; durch „verheiratet sein mit dem Beruf"; durch Ausnutzung des Unterhaltsrechts, so dass Partner nach der Scheidung nur noch am Rande des Existenzminimums leben können;

im *Kontaktbereich* durch den Abbruch oder die Verweigerung von Außenkontakten oder – umgekehrt – durch Flucht aus der Partnerschaft in „lohnendere" Beziehungen;

im *Phantasie- und Sinnbereich* durch erstickende Routine, die eine Weiterentwicklung nicht zulässt; durch Missachtung oder Verächtlichmachung von Überzeugungen des anderen.

Als Muster für die Spielformen von „Partnerschaft als Bestrafung" spielen Fixierungen in der Kindheit eine entscheidende Rolle, Fixierungen, die transparent werden, wenn wir sie unter dem Gesichtspunkt der vier Bereiche der Liebesfähigkeit sehen. Hier fragen wir:

Wie verhielten sich die Eltern mir oder meinen Geschwistern gegenüber?

Wie verhielten sich die Eltern untereinander?

Wie war die Beziehung der Eltern zur Umwelt, zu anderen Menschen, zum Beruf?

Und schließlich: Wie verhielten sich die Eltern gegenüber Religion und Weltanschauung?

Die Formen der Bestrafung und der ausgeführten „Rache" haben ihre Vorgeschichte und ihre Gründe, die sich nicht nur mit Begriffen wie Sadismus und Masochismus einfangen lassen. Wir neigen dazu, eine solche Bestrafung für eine autonome Handlung zu halten, etwa wie eine richterliche oder elterliche Strafe, der die Freiheit der Entscheidung zugebilligt wird. Von ihrer Psychologie her kommen dieser Form von Strafe jedoch nur wenige Freiheitsgrade zu. Bestrafung in der Partnerschaft ereignet sich zumeist im Rahmen einer Beziehungsfalle, so dass es mitunter schwer fällt zu unterscheiden, wer eigentlich straft und wer der Bestrafte ist. Der Wunsch, gemeinsam Freud und Leid zu teilen, wird selbst in der hassgeladenen Atmosphäre einer unguten Trennung aufrechterhalten: Wie man früher gemeinsam am Guten teilhaben wollte, wünscht man jetzt dem Partner auch das Schlechte, selbst wenn man selber genauso darunter zu leiden hat.

So erklärte eine 48-jährige Mutter von vier Kindern vor dem Scheidungstermin: „Ich werde ihm das Leben so sauer machen, dass er nie mehr mit einer Frau glücklich werden kann."

*Zielerweiterung:*

Die Aktualfähigkeit „Gerechtigkeit" ist die Fähigkeit, im Verhältnis zu sich selbst und anderen gegenüber Interessen abzuwägen. Als ungerecht empfindet man eine Behandlung, die von persönlicher Zu- und Abneigung oder Parteinahme statt von sachlichen Überlegungen diktiert wird. Der gesellschaftliche Aspekt dieser Aktualfähigkeit ist soziale Gerechtigkeit. Jeder Mensch besitzt einen Gerechtigkeitssinn. Wird der Gerechtigkeitssinn verletzt, dann kann sich dies aktiv in Rachegelüsten und passiv in Unterwerfung mit passiver Aggression äußern.

*Spezielle Fragen:*

> Wer von Ihnen legt mehr Wert auf Gerechtigkeit? (Gerechtigkeit oder Ungerechtigkeit in welchen Situationen und wem gegenüber?)
>
> Wie reagieren Sie, wenn Sie ungerecht behandelt werden (im Beruf, in der Familie etc.)?
>
> Halten Sie Ihren Partner für gerecht (den Kindern, den Schwiegereltern, den Mitmenschen, Ihnen selbst gegenüber)?
>
> Haben Sie oder hatten Sie Probleme mit Ungerechtigkeit (wurde jemand anders bevorzugt)?
>
> Wer von Ihren Eltern achtete Ihnen oder Ihren Geschwistern gegenüber mehr auf Gerechtigkeit (Situation)?

*Gerechtigkeit ohne Liebe sieht nur die Leistung und den Vergleich. Liebe ohne Gerechtigkeit verliert die Kontrolle über die Wirklichkeit. Lerne Liebe und Gerechtigkeit zu vereinbaren.*


**Misstraue deinem Urteil, sobald du darin den
Schatten eines persönlichen Motivs entdecken kannst.
(Marie von Ebner-Eschenbach)**

**Wenn wir die Menschen nur nehmen, wie sie sind,
so machen wir sie schlechter;
wenn wir sie behandeln, als wären sie, was sie sein sollten,
so bringen wir sie dahin, wohin sie zu bringen sind.
(Johann Wolfgang von Goethe)**

# Geld ist wie ein Metall, das sowohl gut leitet als auch gut isoliert – Geld als Ersatz

### Teure Sparsamkeit

*Ein Mann stand wegen einer Bestechung vor dem Richter. Alles sprach für seine Schuld, und so blieb dem Richter nur mehr, das Urteil zu sprechen. Der Richter war ein verständiger Mann. Er bot dem Angeklagten drei Möglichkeiten, aus denen er seine Strafe wählen konnte. Der Angeklagte sollte entweder hundert Tuman zahlen oder fünfzig Stockhiebe erhalten oder aber fünf Kilo Zwiebeln essen.*

*„Zwiebeln zu essen, das wird doch nicht so schwer sein", dachte der Verurteilte und biss schon in die erste Zwiebel. Nachdem er gerade dreiviertel Pfund Zwiebeln roh verspeist hatte, schüttelte ihn der Abscheu schon beim Anblick dieser gesunden Früchte des Feldes. Die Augen liefen ihm über, und ganze Tränenbäche stürzten seine Wangen herunter. „Hohes Gericht", heulte er, „erlass mir die Zwiebeln, ich will doch lieber die Schläge auf mich nehmen." Er glaubte, auf diese Weise sein Geld sparen zu können – und er war in der Tat wegen seines Geizes überall bekannt. Der Gerichtsdiener entkleidete ihn und legte ihn über die Bank. Schon der Anblick des kräftigen Gerichtsdieners und des starken Stockes ließ den Verurteilten zittern. Bei jedem Schlag auf den Rücken schrie er laut, bis er beim zehnten Schlag endlich jammerte: „Hoher Ghazi, habe Erbarmen mit mir, erlass mir die Schläge." Der Richter schüttelte nur den Kopf. Darauf bettelte der Angeklagte, der sich eigentlich die Schläge und das Geld ersparen wollte und schließlich alle drei Strafen zu kosten bekam: „Lass mich lieber die hundert Tuman bezahlen!"*

Eine 46-jährige, mit einem Geschäftsmann verheiratete Frau, die sich offenkundig in diesem Metier auskannte, vertrat die Ansicht: „Ich bin der Meinung, dass diese Form der Liebe und Partnerfindung die am weitesten verbreitete ist. Allein in meinem Bekanntenkreis kenne ich viele Ehen, die auf dieser Basis aufgebaut sind, und meistens funktioniert eine solche Partnerschaft auch ganz gut. Das Hauptinteresse beider Partner gilt dem gemeinsamen Geschäft, der Praxis oder der finanziellen Unabhängigkeit. Dem emotionalen Bereich wird weniger Bedeutung beigemessen. Die Ehe ist in erster Linie eine Interessengemeinschaft."

Nach dem plötzlichen Tod ihres Mannes fiel ihr die Aufgabe zu, die Finanzen zu verwalten, die sie zuvor nur genießen konnte. Dabei erfüllte sie stets Misstrauen gegenüber eventuellen Partnern, die es eben nur auf ihr Geld abgesehen haben könnten. Sie versagte sich dadurch soziale Kontakte und Partnerschaften und entwickelte Ängste, depressive Verstimmungszustände und Selbstmordabsichten. Im Rahmen der Psychotherapie nahm die Patientin eine andere Beziehung zum Geld und zur Sparsamkeit auf; sie lernte, mit Geld umzugehen, sich aber nicht vom Geld und der Sparsamkeitsmoral beherrschen zu lassen.

Fleiß und Leistung sind Voraussetzungen dafür, dass es uns gut geht. Wie kann man überhaupt davon sprechen, dass man fleißig ist? Es kommt dabei weniger auf das Zuviel an Fleiß als auf das Zuwenig an anderen Aktualfähigkeiten an.

Die Ehefrau eines arbeitswütigen Mannes leidet nicht so sehr unter dem Fleiß des Ehemannes, sondern vielmehr unter seinem Mangel an Zeit, Geduld und Kontakt ihr gegenüber.

Leistungsorientierung gilt im Menschenbild unserer heutigen Gesellschaft als Maßstab, dem sich jedes Individuum zu unterwerfen hat. Übertragung von Leistungsnormen auf den privaten Bereich geschieht in vielen Familien auch hinsichtlich der anderen sekundären Fähigkeiten wie zum Beispiel Ordnung, Sauberkeit, Pünktlichkeit, Höflichkeit. Alle diese sekundären Fähigkeiten wurden erlernt. Die sekundären Aktualfähigkeiten sind im Zusammenleben mit anderen wichtig, aber es kommt auch hier, wie überall im Leben, auf das richtige Maß an.

*Spezielle Fragen:*

Ist die materielle Seite für die Beziehung primär oder sekundär?

Was bedeutet für mich finanzielle Sicherheit, finanzieller Erfolg oder Verlust?

Was würde ich machen, wenn ich keine finanziellen Probleme hätte; bliebe ich dann noch bei meinem Partner?

Kann ich mit den geschäftlichen Dingen auch ohne meinen Partner umgehen oder bin ich auf ihn angewiesen?

Was könnte geschehen, wenn ich/mein Partner plötzlich nur mit dem Existenzminimum leben müsste?

Wie habe ich gelernt, mit Geld, Finanzen und Vermögen umzugehen?

Wozu benötige ich das Vermögen?

Für den Kreis von Menschen, für den ich mich verantwortlich fühle? Für die soziale und gesellschaftliche Entwicklung? (Hier lohnt sich die Frage nach der eigenen Beziehung zum Zahlen von Steuern.)

Für Notleidende im eigenen Land und in Entwicklungsländern? (Umgang mit Spenden)

Habe ich mir Gedanken darüber gemacht, wie man mit meinem Vermögen, dem von mir Geschaffenen, nach meinem Tod umgeht?

Auch wenn man gern den Versuch unternimmt, Partnerschaft und Liebe idealisierend zu entmaterialisieren, so ist nach den Erkenntnissen des „Volksmundes" die materielle Basis sicherer als das Strohfeuer der Verliebtheit. So scheint die Geschäftsbeziehung gar nicht so weit von der Partnerbeziehung entfernt zu sein. Dies wird spätestens beim Offenbarungseid der Partnerschaft, der Scheidung, deutlich, die weniger vom emotionalen Bereich handelt als vom materiellen, von dem, was so sinnig „Vermögen" heißt. Bereits bei der Partnerwahl spielen die Vermögensverhältnisse eine Rolle, und zwar um so mehr, je geschlossener und traditionsgelenkter die Gesellschaft ist. Sprichwörter künden davon: „Wo Tauben sind, fliegen Tauben hin." „Wer nichts erheiratet oder erwirbt, bleibt ein armer Teufel, bis er stirbt."

*Zielerweiterung:*

Es lohnt sich manchmal, sein eigenes Verhalten genauer zu betrachten, es mit dem anderer Menschen und Kulturen zu vergleichen:

> Was von meinem Besitz ist Teil meiner Einzigartigkeit, auf den ich entweder nicht verzichten kann oder nicht verzichten möchte, und was davon ist eine Last, die mich und meinen Partner im Kontakt mit unserer Wirklichkeit behindert?

> Wodurch haben wir im Verlauf unserer Entwicklung Besitz erworben, welche Bedeutung hat Besitz für mich, für meinen Partner, für andere Menschen und für mein Gewissen, und wie kann ich neue Lösungen und Kompromisse finden?

*Eine Frau fragt ihre beste Freundin, wie es denn ihrem letzten Verehrer, einem reichen älteren Mann, gehe, und erhielt folgende Antwort: „Ich glaube, es geht ihm gut. Wir hatten ein Tauschgeschäft miteinander. Am Anfang hatte ich die Erfahrung und er das Geld. Jetzt habe ich das Geld und er die Erfahrung."*

**Was ist Lebensstandard?**
**Wenn man Geld ausgibt, das man nicht hat,**
**um Dinge zu kaufen, die man nicht braucht,**
**damit man Leuten imponieren kann,**
**die man nicht mag.**

# Hast du was, dann bist du was –
# Leistung und Selbstwertgefühl

### Noch ein langes Programm

*Ein Kaufmann hatte hundertfünfzig Kamele, die seine Stoffe trugen, und vierzig Knechte und Diener, die ihm gehorchten. An einem Abend lud er einen Freund (Saadi) zu sich. Die ganze Nacht fand er keine Ruhe und sprach fortwährend über seine Sorgen, Nöte und die Hetze seines Berufes. Er erzählte von seinem Reichtum in Turkestan, sprach von seinen Gütern in Indien, zeigte die Grundbriefe seiner Ländereien und seine Juwelen. O Saadi, seufzte der Kaufmann: Ich habe nur noch eine Reise vor. Nach dieser Reise will ich mich endlich zu meiner wohlverdienten Ruhe setzen, die ich so ersehne wie nichts anderes auf der Welt. Ich will persischen Schwefel nach China bringen, da ich gehört habe, dass er dort sehr wertvoll sei. Von dort will ich chinesische Vasen nach Rom bringen. Mein Schiff trägt dann römische Stoffe nach Indien, von wo ich indischen Stahl nach Halab bringen will. Von dort will ich Spiegel und Glaswaren in den Yemen exportieren und von dort Samt nach Persien einführen. Mit einem träumerischen Gesichtsausdruck verkündete er dem ungläubig lauschenden Saadi: Und danach gehört mein Leben der Ruhe, Besinnung und Meditation, dem höchsten Ziel meiner Gedanken. (Nach Saadi, persischer Dichter)*

Der Bericht eines 38-jährigen Abteilungsleiters einer Bank, der unter innerer Unruhe, depressiven Verstimmungen, Schweißausbrüchen, Schwindelanfällen und anderen psychosomatischen Beschwerden litt:

„Der Morgen beginnt damit: Einen Teil meiner Post verteile ich, das meiste lasse ich mir aber nach verrichteter Arbeit noch einmal vorlegen, um sicher zu gehen, dass alles in Ordnung ist. Jetzt gehen etliche Aufträge ein, die unverzüglich weitergegeben werden müssen. Je nach Art des Auftrags sind die Annahmezeiten an den Börsen zwischen 11.00 und 13.00 Uhr.

Um 11.10 Uhr ruft meine Frau an, ich habe für sie keine Zeit, was mir sehr leid tut. Ich müsste auf die Toilette, doch da kommt der nächste Kunde. Eigentlich habe ich gar keine Zeit für ihn, denn um 11.30 Uhr beginnt die Börse.

Ich versuche das Gespräch so kurz wie möglich zu halten. Ich merke, wie mir einige Aufträge zum Kontrollieren auf den Tisch gelegt werden. Ich kann die Kontrolle jedoch nicht durchführen, da ich mich mit dem Kunden unterhalten muss. Ich sitze auf heißen Kohlen. Mir ist ein Fall von einem Kollegen aus Stuttgart bekannt, in dem ein falsch weitergegebener Auftrag die Bank 45 000 DM gekostet hat.

Schließlich ist es nach etlichen Telefonaten 13.00 Uhr geworden. Ich gehe mit einem Kollegen zum Mittagessen. Hier wird Gott sei Dank nur selten gefachsimpelt. Nach dem Mittagessen rufe ich noch einige Kunden an und unterbreite ihnen Anlagevorschläge. Außerdem überlege ich mir Vorschläge für die anstehende Kundenveranstaltung. Der Chef fragt morgen früh bestimmt danach. Die Aufstellung für den Personalchef ist liegen geblieben. Die muss ich am nächsten Morgen irgendwie in meinen Tagesablauf einbauen.

Bis 16.30 Uhr habe ich an diesem Tag 78 Telefonate und 13 persönliche Gespräche geführt.

Zu Hause kann ich mich meist sehr schnell erholen, doch oft denke ich im Stillen fünf Minuten darüber nach, welche Sonderaktionen ich am nächsten Tag durchführen möchte."

Die Bestrebungen aller Menschen sind letztlich auf Glück und Selbstverwirklichung ausgerichtet. Die Mittel auf dem Weg dorthin werden aber oft einseitig gewählt. Ausschlaggebend für ein ausgewogenes Seelenleben ist die Fähigkeit, positiv und kreativ zu denken, eine Eigenschaft, die dem westlichen Menschen nahezu abhanden gekommen, aber durchaus wieder erlernbar ist.

Wenn diese „Waage" in der Lebenspraxis durch Flucht in die Krankheit (Körper), Flucht in die Arbeit (Leistung), Flucht in die Geselligkeit oder auch Einsamkeit (Kontakt), aber auch durch Flucht in Träume (Phantasie) aus dem Gleichgewicht gerät, reagiert der Mensch mit physischen oder psychischen Erkrankungen. Man fragt daher nach den Beziehungen eines Menschen zu den folgenden vier Kategorien:

*Wie ist das Verhältnis zu mir selbst?*

Nehme ich mir Zeit für meine körperlichen Bedürfnisse wie Schlaf, Nahrung, Ästhetik, Bewegung und Sport, Sexualität, Körperkontakt, Zärtlichkeit und Gesundheit?

*Wie ist das Verhältnis zum Beruf?*

Habe ich den Beruf freiwillig gewählt oder wurde ich in diesen Beruf gezwungen?

War nichts anderes da, was ich werden konnte?

Interessieren mich die Aufgaben, die mir gestellt werden?

Arbeite ich nur, um Geld zu verdienen und mir etwas anderes leisten zu können, oder ist der Beruf für mich Sinnerfüllung und inneres Bedürfnis geworden?

Habe ich Konflikte in meinem Beruf?

Werde ich überfordert oder unterfordert? Gefällt mir zwar der Beruf, aber komme ich mit den Kollegen nicht aus?

Wieweit kann ich einen Beitrag zur gesellschaftlichen Entwicklung leisten? Inwieweit beziehe ich ethische und moralische Fragen in meinen Beruf ein?

*Wie ist das Verhältnis zum Partner und zur sozialen Umgebung?*

Habe ich einen guten Kontakt zu meiner Frau/meinem Mann, zu den Kindern?

Nehme ich mir Zeit für meine Familie? Habe ich Vertrauen zu ihnen?

Nehme ich Rücksicht auf meine Familie?

Fordere ich nur Gehorsam und Höflichkeit, und lege ich Wert auf einen offenen Meinungsaustausch?

Wie ist das Verhältnis zu Verwandten, Freunden, Kollegen?

Wie ist mein Verhältnis zu meinen Landsleuten und anderen Menschen überhaupt?

Bin ich kontaktbereit, gesellig?

Habe ich Vorurteile, Ängste oder Aggressionen gegenüber einzelnen Personen oder Gruppen?


*Wie ist das Verhältnis zur Zukunft?*

Bin ich mit der Gegenwart zufrieden oder unzufrieden?

Sehe ich Entwicklungsmöglichkeiten oder Stillstand?

Welche Ziele habe ich und welches sind die Ursachen meines Orientierungssystems?

Welche Bedeutung hat für mich überhaupt das Leben? Wie verarbeite ich Schwierigkeiten, die in den anderen Bereichen auftreten?

Bin ich bereit, offen meine Meinung zu sagen, auch auf die Gefahr hin, die freundlichen Blicke der anderen zu verlieren?

Welche Beziehung habe ich zum musischen Bereich: Kunst, Malerei, Musik und Literatur?

Wie stelle ich mir das Leben nach dem Tode vor?

*Ein Mensch sagt – und ist stolz darauf –*
*er geh' in seinen Pflichten auf.*
*Bald aber, nicht mehr ganz so munter,*
*geht er in seinen Pflichten unter.*
*(Eugen Roth)*

**Holzhacken ist deshalb so beliebt, weil man bei dieser Tätigkeit den Erfolg sofort sieht. (Albert Einstein)**

**Es ist nicht genug zu wissen, man muss auch anwenden. Es ist nicht genug zu wollen, man muss auch tun. (Johann Wolfgang von Goethe)**

**Man muss gut überlegen, was man haben will. Es könnte passieren, dass man es bekommt.**

**Wer schaffen will, muss fröhlich sein.**

**Der Erfolg ist eine Folgeerscheinung. Niemals darf er zum Ziel werden. (Gustave Flaubert)**

**Viele Menschen ruinieren Ihre Gesundheit in der ersten Hälfte des Lebens, um zu Geld und Erfolg zu kommen und geben dieses Geld in der zweiten Hälfte des Lebens aus, um wieder gesund zu werden.**

# Sich vom ersten Eindruck nicht täuschen lassen –
# Den anderen wirklich sehen

### Die Laterne als Schutz

*In einer finsteren Nacht ging ein Blinder mit einer Laterne in der Hand und einem Krug voll Oliven auf der Schulter durch die engen Gassen des Bazars. Da begegnete ihm ein Freund. Der sprach zu ihm: „Mein Freund, Tag und Nacht sind doch gleich für deine Augen, was kann dir da diese Laterne nützen!" Der Blinde antwortete mit einem feinen Lächeln: „Die Laterne ist doch nicht für mich, sondern für dich, damit du mir in der finsteren Nacht nicht meinen Krug von der Schulter stößt, sondern mir gegenüber aufmerksam bist."*

Ein junger Mann berichtet über die Schwierigkeiten, sich selbst und auch andere in ihrer Besonderheit wahrzunehmen:

„Als ich mit 18 oder 19 Jahren für vier Wochen in die jugendpsychiatrische Universitätsklinik kam, weil ich unter fürchterlichen Minderwertigkeitskomplexen litt (verkriechen wollen in ein Mauseloch, nicht lachen können, rot werden, Worte verhaspeln, sich hässlich finden usw.), starrte ich zwei Wochen lang einer Schwester nach. Nachdem sie meinen Krankenbericht gelesen hatte, kam sie nachts in mein Einzelzimmer. Sie schlief mit mir. Sie war meine erste Frau. Und sie war fünf Jahre älter. Sie sagte zu mir: Meinen Verlobten liebe ich, und dich habe ich lieb. Das verstand ich nicht. Ich wollte sie heiraten. Wie ich eigentlich jedes Mädchen, das ich kennen gelernt habe, sofort geheiratet hätte."

Jede Partnerschaft erfordert eine nicht unerhebliche Arbeit, nämlich sich mit der Gedankenwelt, den Interessen und Eigenschaften des Partners auseinander zu setzen. Dieser anstrengenden Aufgabe kann man sich dann am ehesten entziehen, wenn der Partner in keinem Bereich eine Herausforderung darstellt. „Ein Blinder führt hier einen anderen Blinden." Man könnte dies auch einen „Doppelblindversuch" nennen.

Solche Menschen tendieren dazu, den Partner oder die Partnerin unter dem Aspekt zu wählen, dass er oder sie über keine Eigenschaften verfügt, die einem im Laufe der Zeit als Vorbild lästig werden könnten: „Bei uns kann keiner dem anderen etwas vormachen. Meine Frau ist auch kein Genie."

Die Partnerschaft bietet sich für den Mechanismus des „Doppelblindversuchs" vor allem durch die Nähe des Partners an. Man signalisiert sich gegenseitig: „Ich brauche dich, um mir zu beweisen, dass du weniger bist als ich und ich mehr als du." Diese Haltung bedeutet Sicherheit, ähnlich wie in amerikanischen Slums die Existenz der Farbigen und Puertoricaner dem untersten Weißen das Gefühl vermittelt, dass noch andere unter ihm stehen: So sehr er sie hassen mag, weil er sich durch sie bedroht fühlt, so sehr braucht er sie, um wenigstens in seiner Vorstellungswelt seine soziale Position zu verbessern.

Diese Form der Beziehung ist meist symmetrisch, das heißt, beide Partner sind an ihr gleichermaßen beteiligt. Man braucht den anderen, um sich durch ihn die Bestätigung zu geben, die man benötigt, die aber von der weiteren Umgebung versagt wurde. Eigentlich ist es hierbei gleichgültig, über welche tatsächlichen Eigenschaften der Partner verfügt, denn die braucht man nicht. Vielmehr benötigt man seine Unfähigkeiten als Projektionsfläche eigener narzisstischer Bedürfnisse. Was er bietet, irritiert: Seine Schwächen sind es, die für Bestätigung sorgen müssen. So wird zum Beispiel die Unzuverlässigkeit eines Mannes gesehen, nicht aber seine Aktivität, Dynamik und Phantasie. Bei einer Frau wird großzügig über alles hinweggesehen, was sie im Haushalt, für die Kinder und den Partner leistet: festgehalten wird aber, dass sie nicht berufstätig ist oder im Beruf nicht so erfolgreich wie ihr Mann.

Um eine Partnerschaft nicht als Doppelblindversuch zu führen, gilt es, die besonderen, individuellen Stärken und Fähigkeiten des Partners bzw. der Partnerin zu erkennen. Es kommt nicht so sehr darauf an, dass er mit anderen seines Alters und seines Geschlechts hinsichtlich einer Fähigkeit konkurrieren kann und sich sogar als der oder die Beste beweist. Wichtiger erscheint vielmehr, die besonderen Fähigkeiten zu erkennen und ihre Entwicklung zu unterstützen. Manche Menschen sind mehr praktisch begabt, andere besitzen mehr abstrakte Fähigkeiten. Manche zeigen organisatorische Fähigkeiten, wieder andere zeigen sich auf künstlerischem Gebiet erfolgreich.

Darüber hinaus können wir nicht die Augen vor den eigenen Schwächen und vor den Schwächen des anderen verschließen. Erst die Erkenntnis der Schwächen bietet die Möglichkeit, sie zu beheben. Die Einzigartigkeit eines Menschen ist abhängig von seiner persönlichen Aktivität und seinem individuellen Einsatz. Er ist nicht nur das Produkt von Körper und Umwelt, sondern produziert sich in jedem Augenblick selbst. Die Einzigartigkeit des Menschen zeigt sich in der Ausprägung seiner Aktualfähigkeiten. Jede der Aktualfähigkeiten kann in aktiver und passiver Hinsicht eingesetzt werden.

*Spezielle Fragen:*

Aktiv sein kann bedeuten: pünktlich/unpünktlich sein, ordentlich/unordentlich sein, ehrlich/unehrlich sein usw. Was bedeutet es für mich?

Passiv sein kann bedeuten: Wie reagiere ich auf Pünktlichkeitsforderungen oder Unpünktlichkeit anderer? Wie komme ich mit der Unordnung oder den Ordnungswünschen meines Partners zu Rande? Kann ich Gerechtigkeitsforderungen oder die Ungerechtigkeit meines Partners ertragen?

Die Position eines Partners hängt nicht nur davon ab, welche Aktualfähigkeiten er äußert, sondern ob er aktiv fordernd oder passiv erwartend auftritt. Oft ist die Erkenntnis dieser Zweiseitigkeit der entscheidende Vorgang bei der Konfliktlösung, sich nicht nur für Gerechtigkeit einzusetzen, sondern gegebenenfalls und zeitweilig auch Ungerechtigkeiten ertragen zu können, ohne daran zu zerbrechen.

*„Wenn ich die Erste bin, die du küsst", sagt sie, „wieso kannst du das so gut?"*
*Darauf er: „Und wenn ich der Erste bin, den du küsst – wieso weißt du, dass ich das gut kann!"*

**Das ist nun einmal das Schicksal der Menschen:**
**Im Streit miteinander bilden sie sich aus.**
**(Leopold von Ranke)**

*Den Wert von Menschen und Diamanten
kann man erst erkennen,
wenn man sie aus der Fassung bringt.*

Orientalische Lebensweisheit

# Positive Psychotherapie:
## Ein Ganzheitsmodell im Rahmen der Erziehung, Selbsthilfe und Psychotherapie

Das positive Vorgehen lässt sich mit folgender Situation vergleichen. Ein Mann stellte fest, dass er Schulden hatte. Dieser Gedanke ließ ihn nicht mehr schlafen. Er litt unter Depressionen und wollte aus dem Leben scheiden. Dies klagte er einem guten Freund. Der hörte sich geduldig die Sorgen an. Anschließend sprach er jedoch nicht über die Schulden. Das verwunderte den Mann sehr. Sein Freund sprach statt dessen von dem, was der Mann noch als Eigentum besaß, vom Geld, das er hatte, und von den Freunden, die bereit waren, ihm zu helfen. Plötzlich sah dieser seine Situation mit anderen Augen. Indem er seine Energie nicht mehr zugunsten der vergeblichen Sorgen um die Schulden verbrauchte, sondern sie im Verhältnis zu seinem tatsächlichen Vermögen sah, hatte er genügend Kräfte frei und Wege offen, sein Problem zu lösen.

Die Positive Psychotherapie verfügt über einen mehrstufigen Behandlungsplan, der als Leitlinie anzusehen ist. Er wird grundsätzlich als Interaktion aufgefasst. Die Positive Psychotherapie beschränkt sich nicht auf die unmittelbare therapeutische Situation, sondern greift über diese hinaus in die außertherapeutischen Bezüge des Patienten ein. Der Patient übernimmt nicht nur die ihm zugestandene Patientenrolle, sondern er wird selbst zum Therapeuten seiner unmittelbaren Bezugsgruppen, vor allem der jeweiligen Konfliktpartner. Diese Doppelrolle des Patienten — als Patient und Therapeut zugleich — ist ein wesentliches Kennzeichen dieser Therapie, nach dem Motto:

**Wenn du eine hilfreiche Hand brauchst, suche sie am Ende deines eigenen Armes.**

# Die Entwicklung der Positiven Psychotherapie unter dem transkulturellen Gesichtspunkt

Eine wichtige Motivation für meinen Ansatz mag gewesen sein, dass ich mich in einer transkulturellen Situation befinde (Deutschland-Iran). In dieser Situation wurde ich darauf aufmerksam, dass viele Verhaltensweisen, Gewohnheiten und Einstellungen in den verschiedenen Kulturkreisen häufig unterschiedlich bewertet werden.

| Konzept | West | Ost |
|---------|------|-----|
| Krankheit | Wenn jemand krank ist, möchte er seine Ruhe haben. Er wird von wenigen Personen besucht. Besuche werden auch als soziale Kontrolle empfunden. | Ist hier jemand krank, so wird das Bett ins Wohnzimmer gestellt, z.B. bei einem Beinbruch. Der Kranke ist Mittelpunkt und wird von zahlreichen Familienmitgliedern, Verwandten und Freunden besucht. Ein Ausbleiben der Besucher würde als Beleidigung und mangelnde Anteilnahme aufgefasst. |
| Tod | „Von Beileidsbesuchen bitten wir Abstand zu nehmen." „Ich muss mit meinem Schicksal allein fertig werden." „Jetzt muss ich allein so viel Leid ertragen." | 8–40 Tage lang besuchen alle Verwandten, Freunde, Bekannten und andere Mitmenschen die Hinterbliebenen und geben ihnen so das Gefühl der Geborgenheit. „Geteiltes Leid ist halbes Leid." |

Eine Erfahrung, die ich bereits während meiner Kindheit in Teheran machen konnte, betraf Vorurteile, vor allem religiöser Art, die ich ziemlich genau beobachten konnte. Als Angehörige der Baha'í standen wir immer wieder im Spannungsfeld zwischen unseren islamischen, christlichen und jüdischen Mitschülern und Lehrern. Dies regte mich an, über die Beziehungen der Religionen untereinander und die Beziehungen der Menschen zueinander nachzudenken. Ich erlebte die Familien meiner Mitschüler und lernte ihr Verhalten aus den weltanschaulichen und familiären Konzepten verstehen. Später war ich Zeuge ähnlicher Konfrontationen, als ich während meiner fachärztlichen Ausbildung erlebte, wie gespannt das Verhältnis von Psychiatern, Neurologen, Internisten und Psychotherapeuten war und mit welcher Heftigkeit die verschiedenen Auffassungen aufeinander prallten.

Ich beschäftigte mich mit den Inhalten und Hintergründen derartiger Spannungen. Besonders wichtig war für mich die Erfahrung, dass es andere Formen und Organisationen der Familie gibt als die, die ich in meiner Kindheit und Jugend erlebt habe. Die Familie, in der ich aufwuchs, umfasste nicht nur meine Eltern und Geschwister, sondern eine Vielzahl von Verwandten und weiteren Familienangehörigen, mit denen wir uns in einer Familie verbunden fühlten. Ich erlebte hier das Gefühl der Gruppenzugehörigkeit, der gegenseitigen Fürsorge und der Sicherheit, aber auch das Gefühl der Abhängigkeit und Einengung. Die typische, sehr auf ihre Eigenständigkeit bedachte europäische Familie erschien mir als Ergänzung des orientalischen Systems mit allen Vor- und Nachteilen. Die Einrichtung der Familie zeigte sich mir als eine der wichtigsten Schaltstellen dafür, welche Fähigkeiten und Möglichkeiten eines Menschen entwickelt und welche unterdrückt werden. Die Familie nimmt in diesem Sinne Einfluss auf die Partnerwahl, die Berufswahl, die Beziehung zu anderen Menschen und das Verhältnis zur Zukunft.

Diese Erfahrungen und Überlegungen führten mich dazu, den Menschen – auch in der Psychotherapie – nicht nur als isoliertes Einzelwesen zu begreifen, sondern seine zwischenmenschlichen Beziehungen und – wie es meiner eigenen Entwicklung entspricht – seine „transkulturelle" Situation zu berücksichtigen, die ihn erst zu dem machen, was er ist.

Der transkulturelle Ansatz durchzieht wie ein roter Faden die gesamte Positive Familientherapie. Wir berücksichtigen ihn deshalb gesondert, weil der transkulturelle Gesichtspunkt auch Material zum Verständnis individueller Konflikte bietet. Darüber hinaus besitzt dieser Aspekt eine außerordentliche soziale Bedeutung: Gastarbeiterprobleme, Probleme der Entwicklungshilfe, Schwierigkeiten, die sich im Umgang mit Mitgliedern anderer kultureller Systeme ergeben, Probleme transkultureller Partnerschaften, Vorurteile und ihre Bewältigung, Alternativmodelle, die einem anderen kulturellen Rahmen entstammen. In diesem Zusammenhang können auch politische Themen angesprochen werden, die sich aus der transkulturellen Situation ergeben.

## Methode

Die Positive Psychotherapie und Familientherapie stellt eine Form der Kurzzeitpsychotherapie unter dem transkulturellen und interdisziplinären Gesichtspunkt dar, die den tiefenpsychologisch fundierten Verfahren zugeordnet ist.

### 1. Das Positive Menschenbild: Der positive Ansatz

Hier stellen sich die grundsätzlichen Fragen:

1. Was haben alle Menschen gemeinsam?
2. Wodurch unterscheiden sie sich?

So wie ein Samenkorn eine Fülle von Fähigkeiten besitzt, die durch die Umwelt, z. B. den Boden, den Regen, den

Gärtner usw., entfaltet wurden, so entwickelt auch der Mensch seine Fähigkeiten in enger Beziehung zu seiner Umwelt.

Dem Konzept der Positiven Psychotherapie und Familientherapie liegt die Auffassung zugrunde, dass jeder Mensch ohne Ausnahme zwei Grundfähigkeiten besitzt: die Erkenntnisfähigkeit und die Liebesfähigkeit. Je nach den Bedingungen des Körpers, seiner Umwelt und der Zeit, in der er lebt, werden sich diese Grundfähigkeiten differenzieren und zu einer unverwechselbaren Struktur von Wesenszügen führen (Peseschkian 1991).

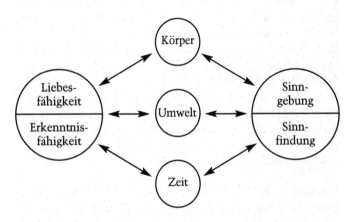

Grundfähigkeiten und ihre Entwicklungsbedingungen
zur Sinngebung (Religion) und Sinnfindung

*Liebesfähigkeit* bedeutet: die Fähigkeit zu lieben und geliebt zu werden. Sie führt in ihrer weiteren Entwicklung zu den primären Fähigkeiten wie lieben können, Vorbild sein, Geduld haben, sich Zeit nehmen, Kontakt knüpfen können, Zärtlichkeit und Sexualität geben und nehmen, vertrauen können, Hoffnung haben, glauben können, zweifeln können, zu Gewissheiten gelangen und Einheit herstellen.

*Erkenntnisfähigkeit* bedeutet: die Fähigkeit zu lernen und zu lehren. Aus der Erkenntnisfähigkeit entwickeln sich die sekundären Fähigkeiten wie Pünktlichkeit, Sauberkeit, Ordnung, Gehorsam, Höflichkeit, Ehrlichkeit/Offenheit, Treue, Gerechtigkeit, Fleiß/Leistung, Sparsamkeit, Zuverlässigkeit, Genauigkeit und Gewissenhaftigkeit.

Die primären und sekundären Fähigkeiten bezeichnen wir als Aktualfähigkeiten.

In alltäglichen Beschreibungen und Wertungen und in der gegenseitigen Partnerbeurteilung spielen die sekundären Fähigkeiten eine entscheidende Rolle. Wer einen anderen Menschen nett und sympathisch findet, der begründet seine Einstellung damit: *Er ist anständig und ordentlich, man kann sich auf ihn verlassen. Umgekehrt urteilt man abwertend: Er ist mir unsympathisch, weil er schlampig, unpünktlich, ungerecht, unhöflich und geizig ist und zu wenig Fleiß zeigt.*

Ebenso geläufig wie diese sind auch die Folgen von entsprechenden Erlebnissen auf Stimmung und körperliches Befinden. So können beispielsweise Pedanterie, Unordnung, ritualisierte Sauberkeit, Unsauberkeit, übertriebene Pünktlichkeitsanforderungen, Unpünktlichkeit, zwanghafte Gewissenhaftigkeit oder Unzuverlässigkeit außer zu sozialen Konflikten auch zu psychischen und psychosomatischen Verarbeitungen – wie Ängsten, Aggressionen und Nachahmungen – mit ihren Folgen führen: im psychischen Bereich, in den Atemwegen, im Herz- und Kreislaufsystem, im Gastrointestinalbereich, im Bewegungsapparat, im Nervensystem, im Urogenitialbereich und im Hautbereich.

„Wenn ich erfahre, dass in der Schule eine Rechenarbeit geschrieben wird, verspüre ich innere Unruhe, so lange, bis meine Tochter Renate (neun Jahre) mit der Zensur nach Hause kommt. Ist die Arbeit gut ausgefallen, löst sich die Unruhe auf. Kommt ein schlechtes Ergebnis heraus, empfinde ich richtige Herzschmerzen." (32-jährige Mutter von drei Kindern mit Herzbeschwerden und Kreislaufstörungen)

„Mein Mann sagt immer: ‚Wir müssen Licht sparen, eine 40-Watt-Birne statt einer 60-Watt-Birne tut es auch.' Das hat er von seiner Mutter übernommen, die war manchmal direkt geizig. Andererseits überhäuft er die Kinder mit Spielsachen." (33-jährige Frau, Sexualabwehr)

„Ich habe Herzschmerzen und Magenbeschwerden, seitdem ich erfahren habe, dass mein Mann fremdgeht. Er hat es fertig gebracht, mir das jahrelang zu verheimlichen. Auch in anderen Dingen war er nicht offen. Die Kinder hatten unter unseren Spannungen zu leiden." (45-jährige Hausfrau)

„Wenn ich mein Zimmer nicht aufgeräumt habe, hieß es: ‚Ich habe dich nicht mehr lieb.' Das jagte mir panische Angst ein. Heute bin ich mehr als pedantisch und gerate dadurch oft in Konflikt mit meinem Mann und den Kindern." (39-jährige Frau, chronische Verstopfung und Schlafstörungen)

„Wer einmal lügt, dem glaubt man nicht, und wenn er auch die Wahrheit spricht! Weil meine Mutter mir das immer wieder vorhielt, dachte ich schließlich, dann kann ich ja ruhig lügen, es glaubt mir ja doch keiner." (34-jähriger Beamter, Schwierigkeiten im Berufsleben)

Im Abendland beobachten wir die Tendenz, die sekundären Fähigkeiten, z. B. die Leistungsfähigkeit, besonders hervorzuheben, was zuweilen mit einer Vernachlässigung primärer Fähigkeiten, z. B. dem Kontakt, einhergeht. Im Orient besteht dagegen die Neigung, die primären Fähigkeiten, die sich am Kontakt orientieren, zu betonen, wobei verschiedene sekundäre Fähigkeiten offensichtlich vernachlässigt werden.

## 2. Das inhaltliche Vorgehen: Konfliktdynamik und Konfliktinhalt – Vier Qualitäten des Lebens entsprechen vier Formen der Konfliktverarbeitung

Trotz aller kultureller, sozialer Unterschiede und der Einzigartigkeit jedes Menschen konnte ich beobachten, dass alle Menschen bei der Bewältigung ihrer Probleme auf typische Formen der Konfliktverarbeitung zurückgreifen. Wenn wir ein Problem haben, uns ärgern, uns belastet und unverstanden fühlen, in ständiger Anspannung leben oder in unserem Leben keinen Sinn sehen, können wir diese Schwierigkeiten in den folgenden vier Formen der Konfliktverarbeitung zum Ausdruck bringen, denen analog vier Medien der Erkenntnisfähigkeit zugeordnet werden. Sie lassen erkennen, wie man sich und seine Umwelt wahrnimmt und auf welchem Weg der Erkenntnis die Realitätsprüfung erfolgt (Peseschkian 1991):

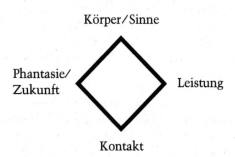

Vier Qualitäten des Lebens
Vier Formen der Konfliktverarbeitung
(Vier Medien der Erkenntnisfähigkeit)

1. Körper (Mittel der Sinne);
2. Leistung (Mittel des Verstandes);
3. Kontakt (Mittel der Tradition);
4. Phantasie (Mittel der Intuition).

Jeder Mensch greift bei Problemen auf diese vier Formen der Konfliktverarbeitung zurück. Nach dem Konzept der Positiven Psychotherapie ist nicht derjenige Mensch gesund, der keine Konflikte hat, sondern derjenige, der gelernt hat, mit den auftretenden Konflikten angemessen umzugehen. Angemessen bedeutet dabei, keinen der vier Lebensbereiche (Körper, Leistung, Kontakt, Phantasie) zu vernachlässigen, sondern seine Energie (nicht unbedingt die Zeit!) annähernd gleichmäßig auf die vier Bereiche zu verteilen. Bildlich gesprochen entsprechen die vier Bereiche einem Reiter, der motiviert (Leistung) einem Ziel zustrebt (Phantasie). Er braucht dazu ein gutes und gepflegtes Pferd (Körper) und für den Fall, dass dieses ihn einmal abwerfen sollte, Helfer, die ihn beim Aufsteigen unterstützen (Kontakt).

Nach meiner Beobachtung stehen in Europa und Nordamerika als Formen der Konfliktverarbeitung die Bereiche „Körper" und „Leistung" im Vordergrund, während sich im Orient die Tendenz zeigt, den „Kontakt" und die „Phantasie" höher zu bewerten. Trotz dieser Tendenz erlebt jeder die Welt auf seine Weise und entwickelt seine eigenen, der Einzigartigkeit seiner Persönlichkeit entsprechenden Reaktionsformen.

Im persönlichen Bereich kommen Einseitigkeiten in den vier Qualitäten des Lebens in den vier Fluchtreaktionen zum Ausdruck: Man flieht in die Krankheit (Somatisierung im Sinne von Risikofaktoren und somatoformen Störungen), in die Aktivität und Leistung (Rationalisierung im Sinne von Belastungs- und Anpassungsstörungen), in die Einsamkeit oder in die Geselligkeit (Idealisierung oder Herabsetzung im Sinne von affektiven Störungen und Veränderungen des Sozialverhaltens) und in die Phantasie (Verleugnung im Sinne von Ängsten, Phobien, Panikattacken und wahnhaften Störungen).

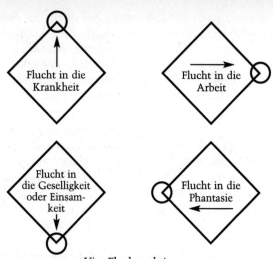

Vier Fluchtreaktionen

*I. Fragen zum Lebensbereich:*

### Körper

1. Welche körperlichen Beschwerden haben Sie, welche Organe sind betroffen?
2. Ist es für Sie wichtig, dass Ihr Partner gut aussieht?
3. Auf welches Organ schlägt Ihnen der Ärger?
4. Brauchen Sie viel oder wenig Schlaf?
5. Welchen Einfluss haben Krankheiten auf Ihr Lebensgefühl und Ihre Beziehung zur Zukunft?

*II. Fragen zum Lebensbereich:*

### Leistung

1. Welche Tätigkeiten würden Sie gerne ausüben? Sind Sie mit Ihrem Beruf zufrieden?
2. Wenn Sie einen Menschen beurteilen: Wie wichtig ist für Sie seine Intelligenz und sein soziales Prestige?
3. Worin engagieren Sie sich mehr: im Beruf oder in der Familie?
4. Fühlen Sie sich auch wohl, wenn Sie einmal nichts zu tun haben?
5. Wer von Ihren Eltern legte mehr Wert auf Leistung?

*III. Fragen zum Lebensbereich:*

**Kontakt**

1. Wer von Ihnen ist kontaktfreudiger? Wer von Ihnen möchte lieber Gäste im Hause haben?

2. Was könnte Sie eher davon abhalten, Gäste einzuladen: dass man zu wenig Zeit hat, dass Gäste Geld kosten, dass Gäste Unordnung machen?

3. Wie fühlen Sie sich, wenn Sie in einer Gesellschaft unter vielen Menschen sind?

4. Halten Sie an familiären (religiösen, politischen) Traditionen fest?

5. Hatten Sie als Kind viele Freunde oder waren Sie eher isoliert?

*IV. Fragen zum Lebensbereich:*

**Phantasie/Zukunft**

1. Halten Sie sich selbst für optimistisch oder pessimistisch?

2. Hängen Sie der Vergangenheit nach? Befassen Sie sich mit der Zukunft?

3. Wenn Sie eine Woche lang mit jemandem den Platz tauschen könnten, mit wem würden Sie tauschen? Warum?

4. Welchen Einfluss haben bei Ihnen religiöse und weltanschauliche Konzepte für die Kindererziehung, die Partnerwahl und die Beziehung zu Ihren Mitmenschen? Was war das Lebensziel Ihrer Eltern? Was ist Ihr Ziel?

5. Wie stehen Sie zu Mitgliedern anderer Glaubensgemeinschaften und Vertretern anderer weltanschaulicher Überzeugungen?

## 3. Die fünf Stufen der Positiven Psychotherapie

Wer durch eine Anhäufung von Belastungen (Stress) Probleme hat, findet in der Positiven Psychotherapie ein Konzept, das in relativ kurzer Zeit seine Selbsthilfemöglichkeiten mobilisiert. Eine Besserung oder eine Heilung tritt oft schon nach sechs bis zehn Therapiesitzungen ein. Dabei stehen die fünf Stufen immer in einem dynamischen Zusammenhang. Sie laufen nicht eine nach der anderen ab, sondern greifen als lebender Prozess ineinander.

## 1. Stufe: Beobachtung/Distanzierung

Jeder der Konfliktbeteiligten verhält sich zunächst wie jemand, der so nahe vor einem Bild steht, dass er es fast mit der Nase berührt. Er sieht lediglich einen kleinen Ausschnitt, ohne das Drumherum wahrzunehmen. In der ersten Stufe kommt es darauf an, die Stressfaktoren und Konflikte möglichst umfassend zu erfassen und inhaltlich zu beschreiben. Dazu schreibt der Klient auf, über was oder wen und wann er sich ärgert und welche Anlässe ihm angenehm sind. Damit beginnt zugleich ein Prozess des Unterscheidenlernens und der Distanzierung, der durch die positive Umdeutung der Symptome durch den Therapeuten unterstützt wird.

Was Sie selbst tun können:

Schreiben Sie auf, worüber Sie sich ärgern und worüber Sie sich freuen. Beschreiben Sie diese Situationen genau.

Kritisieren Sie nicht, sondern beschränken Sie sich (vorerst) auf die Beschreibung.

Sprechen Sie nicht mit dritten Personen über ihre Probleme, sondern notieren Sie genau, unter welchen Umständen die Probleme auftreten und – noch besser – unter welchen Umständen nicht.

Entwickeln Sie Alternativen: Wie hätten Sie sich in einem bestimmten Konflikt anders verhalten können?

## 2. Stufe: Inventarisierung

Bei der Inventarisierung geht es um die Art der Konflikt-
und Stressbewältigung, die der Klient an sich selbst und am
Partner beobachtet. Anhand eines Fragebogens werden die
vier Bereiche der Konfliktverarbeitung und die Aktualfähigkeiten besprochen. Ziel ist es, den Wurzeln der Konflikte
auf die Spur zu kommen und die Art der Problemverarbei-
tung zu erkennen.

Was Sie selbst tun können:

Schreiben Sie auf, in welchen Bereichen Sie ihre Probleme austragen. Sind es überwiegend Körper/Sinne, Leistung, Kontakt oder Phantasie?

Machen Sie eine Reise in die Vergangenheit und überlegen Sie, wie die Beziehungen Ihrer Eltern zu Ihnen und
zueinander waren. Wer war Ihr Vorbild?

Welches Motto herrschte bei Ihnen zu Hause?

Wenn Sie die Fragen durchgehen, wo entdecken Sie bei
sich Defizite oder Überbetonungen? Unterscheiden Sie
sich in diesen Punkten von Ihrem Partner, und entstehen
dadurch Missverständnisse und Konflikte?

## 3. Stufe: Situative Ermutigung

Indem wir uns mit Dingen beschäftigen, die wir als positiv
und anregend erleben, fällt es uns leichter, auch den Dingen
ins Auge zu sehen, die wir als unangenehm und negativ
empfinden. Diese Stufe wendet sich deshalb zunächst von
den Konflikten ab und fragt z. B. nach dem, was eine Familie oder Partnerschaft trotz allem zusammenhält. Auch Geschichten, Parabeln und Spruchweisheiten können einen
Standortwechsel erleichtern und helfen, vom beharrlichen
Wälzen alter Probleme wegzukommen.

Was Sie selbst tun können:

Was „positiv" und „negativ" ist, hängt von den jeweiligen Konzepten ab, die als Maßstab dienen:

Fragen Sie sich nach den Erwartungen und Einstellungen hinter dem Verhalten Ihrer Mitmenschen, das Ihnen Probleme bereitet.

Versuchen Sie in den nächsten ein bis zwei Wochen, den anderen nicht zu kritisieren, sondern zu ermutigen, damit sich positive Fähigkeiten stärker ausprägen können.

Auch paradoxe Ermutigung ist möglich: Den andern in seinem problematischen und kritischen Verhalten zu ermutigen, kann ihnen helfen, sein Verhalten in einem anderen Licht zu sehen.

Stellen Sie sich ihre Konzepte und Gegenkonzepte in Form von Geschichten und Spruchweisheiten vor, z. B. „Wir passen nicht zusammen" – „Gegensätze ziehen sich an".

### 4. Stufe: Verbalisierung

Um aus der Sprachlosigkeit oder der Sprachverzerrung des Konflikts herauszukommen, wird schrittweise die Kommunikation mit dem Partner nach festgelegten Regeln trainiert. Während die bisherigen Schritte vor allem die Fähigkeit zum Verstehen gefördert haben, beginnt nun die direkte Auseinandersetzung, um die Konflikte zu lösen, statt sie nur agierend auszutragen.

Was Sie selbst tun können:

Sprechen Sie mit dem Partner, der Familie, den Kollegen oder in einer Selbsthilfegruppe über die Probleme.

Lernen Sie die Meinung und Position des anderen kennen und setzen Sie die eigenen dagegen.

Suchen Sie nach Lösungen, die allen nützen. Dies geht nur, wenn Sie ehrlich gesagt haben, was Sie für richtig halten.

Das zeitweilige Tauschen von Funktionen und Rollen kann das Verständnis füreinander fördern.

### 5. Stufe Zielerweiterung

In diesem Schritt wird die neurotische Einengung des Gesichtsfeldes gezielt abgebaut. Man lernt, den Konflikt nicht auf andere Verhaltensbereiche zu übertragen, sondern neue und bisher noch nicht erlebte Ziele anzusteuern. Die Zielerweiterung dient dazu, einen Plan für die nächste Zeit zu machen, die vier Qualitäten des Lebens und die Aktualfähigkeiten zu erweitern, sich neue Verhaltens- und Umgangsweisen zu erschließen.

Was Sie selbst tun können:

Welche Ziele und Wünsche haben Sie für die nächste Zeit?

Was würden Sie tun, wenn Sie keine Probleme mehr hätten?

Erweitern Sie Ihre Ziele im Bereich der Aktualfähigkeiten und erschließen Sie sich neue Möglichkeiten der Konfliktverarbeitung.

### Hilfen zum Standortwechsel

Ein Weg, die Ressourcen der Klienten zu mobilisieren, anstatt beharrlich altbekannte Probleme zu wälzen, sind Geschichten und Spruchweisheiten. Viele Geschichten, Parabeln, Gleichnisse, Weisheiten und Sprichwörter erleichtern den gedanklichen und emotionalen Vollzug eines Standortwechsels. Aber auch im Rahmen einer Therapeut-Patient-

Beziehung können sie den Beteiligten wichtige Anstöße bieten. Die Geschichten werden in der Positiven Psychotherapie nicht willkürlich verwendet, sondern gezielt im Rahmen der fünfstufigen Therapie.

**Betrachte den Menschen als ein Bergwerk,
reich an Edelsteinen von unschätzbarem Wert.
(Nach den Bahá'í-Schriften)**

❖

**Intelligenz ohne Liebe ist kalt;
Liebe ohne Intelligenz naiv;
Intelligenz mit Liebe ist Weisheit.**

# Die Bedeutung von Geschichten, Lebensweisheiten und Humor im Alltagsleben

### Das Leben hängt oft nur an einem seidenen Faden

*Ein isolierter und aggressiver Mann begegnete nach seinem Tod einem Todesengel. Der Engel sagte zu ihm: „Hast du in deinem Leben eine gute Tat vollbracht? Wenn ja, kann diese eine gute Tat dir helfen, ins Paradies zu kommen." Der Mann antwortete: „Ich kann mich nicht erinnern, jemals in meinem Leben etwas Gutes getan zu haben." Der Engel sagte: „Denke gut nach, vielleicht fällt dir etwas ein." Da erinnerte sich der Mann daran, dass er einmal während eines Spazierganges im Wald einer Spinne ausgewichen ist, anstatt sie zu zertreten. Der Engel lächelte, und der Faden eines Spinnennetzes kam vom Himmel herunter, an dem er ins Paradies klettern sollte. Da aber auch andere Menschen an diesem Spinnfaden ins Paradies hinaufsteigen wollten, wehrte der Mann sie mit aller Kraft ab, weil er fürchtete, der Faden könnte reißen. In diesem Augenblick riss der Faden tatsächlich entzwei und der Mann stürzte in die Hölle hinab. Er hörte die Stimme des Todesengels: „Schade, dein Egoismus und deine Ichbezogenheit haben das einzig Gute, was du jemals getan hast, in einen Fluch verwandelt." (Diese Geschichte wird in verschiedenen Kulturen unterschiedlich dargestellt und interpretiert. In der brasilianischen Kultur wurde sie von Paolo Coelho bearbeitet.)*

Ein wesentliches Merkmal der Arbeit mit Geschichten ist der Versuch, nicht nur die Logik der Leser anzusprechen, sondern ebenso die ihnen innewohnenden Fähigkeiten zur Phantasie: Aus diesen Gründen werden die einzelnen Gedankengänge durch Weisheiten, Sprachbilder, Geschichten und Aphorismen veranschaulicht. Sie bieten die Möglichkeit, diese Arbeit nicht nur als Informationsquelle, sondern auch als Oase der Entspannung zu sehen. Orientalische und okzidentale Mythologien und Weisheiten haben in vieler Hinsicht gemeinsame Wurzeln und haben sich erst im geschichtlich politischen Spannungsfeld getrennt.

### Funktionen der Geschichten und Parabeln

In den zwischenmenschlichen Beziehungen sowie im Erleben und der seelischen Verarbeitung laufen bei der Konfrontation mit Geschichten Prozesse ab, die wir als deren Funktionen beschreiben.

*Spiegelfunktion:* Die bildhaften Darstellungen der Geschichten lassen ihre Inhalte ich-näher erscheinen und erleichtern die Identifikation mit ihnen. Der Hörer kann seine Bedürfnisse auf die Geschichten übertragen und ihre Aussagen in der Weise gliedern, die seinen eigenen momentanen psychischen Strukturen entspricht.

*Modellfunktion:* Geschichten sind ein Modell. Sie geben Konfliktsituationen wieder und legen Lösungsmöglichkeiten nahe bzw. weisen auf die Konsequenzen einzelner Lösungsversuche hin. Sie fördern somit ein Lernen am Modell.

*Mediatorfunktion:* In der psychotherapeutischen Situation wird die Konfrontation Therapeut-Patient dadurch aufgelockert, dass zwischen diese beiden Fronten das Medium der Geschichte tritt. Es wird nicht über den Patienten gesprochen. So kommt ein Dreier-Prozess in Gang: Patient – Geschichte – Therapeut.

*Depotwirkung:* Durch ihre Bildhaftigkeit sind Geschichten und Parabeln gut zu behalten und können in anderen Situationen leichter abgerufen werden. Sie sind nicht nur in der Behandlung gegenwärtig, sondern auch im Alltag des Patienten. Die Geschichte hat somit Depotwirkung, d. h. sie wirkt nach und macht Patienten unabhängiger vom Therapeuten.

*Geschichten und Parabeln als Traditionsträger:* Wenden wir uns den Inhalten der Geschichten und den darin enthaltenen Konzepten näher zu, können wir Verhaltensweisen und Einstellungen finden, die eine eigene Tradition neurotischen Verhaltens und verschiedener Konfliktanfälligkeiten begründen.

*Geschichten und Parabeln als transkulturelle Vermittler:* Geschichten aus anderen Kulturen bringen Informationen über die dort für wichtig gehaltenen Spielregeln und Konzepte, zeigen andere Denkmodelle und ermöglichen es, das eigene Repertoire von Konzepten, Werten und Konfliktlösungen zu erweitern.

*Geschichten und Parabeln als Regressionshilfen:* Sie öffnen das Tor zur Phantasie, zum bildhaften Denken, zum Staunen und Wundern. Sie sind gewissermaßen Träger der Kreativität und somit ein Mittler zwischen lustbetontem Wollen und der Wirklichkeit. Damit modellieren die Geschichten eine Beziehung zu den persönlichen Wünschen und Zielen der nahen und fernen Zukunft. Geschichten geben Raum für Utopien, den Alternativen zur Wirklichkeit.

*Geschichten als Gegenkonzepte:* Mit der Geschichte deutet der Therapeut nicht im Sinne einer vorgegebenen Theorie, sondern bietet dem Patienten ein Gegenkonzept an, das er annehmen oder ablehnen kann. Dadurch werden bewusst – allerdings mehrdeutige – Informationen in ein individuelles, familiäres oder ein anderes soziales System eingegeben, die zunächst durchaus parteiisch in einen Konflikt eingreifen können. Geschichten sind damit lediglich ein Sonderfall menschlicher Kommunikation, in der ebenfalls Konzepte ausgetauscht werden.

121

*Standortwechsel:* Die meisten unserer Geschichten und Parabeln gehen über die reine Beschreibung hinaus und enthalten ein Umkehr-Erlebnis, wie man es von optischen Täuschungen her kennt: Ohne dass es dem Hörer oder Leser viel Mühe bereitet, vollzieht er einen Standortwechsel, der als Überraschung wahrgenommen wird und ein Aha-Erlebnis auslöst.

*Praxis von Humor in Beruf und Partnerschaft*

*Patient: „Herr Doktor, mein Mann spricht ununterbrochen im Schlaf. Was soll ich tun?"*
*Arzt: „Am besten Sie lassen ihn bei Tage öfter zu Wort kommen, gnädige Frau."*

*Chef zum Angestellten: „Sie schlafen schon eine halbe Stunde! Mitten in der Dienstzeit."*
*Angestellter: „Jawohl, Herr Direktor, aber ich habe die ganze Zeit von meiner Arbeit geträumt."*

*Der Patient sträubt sich erbittert gegen die Operation. „Lieber will ich sterben, als mich operieren zu lassen." Da neigt sich der Chefarzt lächelnd über sein Bett: „Aber mein Bester, stellen Sie sich doch nicht so an. Manchmal lässt sich beides miteinander verbinden."*

*„Ach, lieber Doktor, ich habe solche Angst. Dies ist meine erste Operation." „Kann ich Ihnen nachfühlen", sagte der junge Chirurg freundlich, „meine auch."*

*„Den Chef möchte ich sprechen." – „Der Chef ist nicht da." „Aber ich habe ihn doch durchs Fenster gesehen!" – „Kann sein. Aber der Chef hat Sie zuerst gesehen."*

*„Frage: „Hast du dich wirklich auf den ersten Blick in Helga verliebt?" Antwort: „Ja, das mache ich immer so, man spart auch noch viel Zeit dabei."*

*Ehefrau: „Was würdest du tun, wenn ich einmal nicht mehr bei dir wäre?" Ehemann: „Dasselbe, was du auch tun würdest." Ehefrau: „Ha, du Schuft. Geahnt habe ich es ja schon immer, aber jetzt hast du dich selbst verraten", zischte sie wütend.*

*Eine Mutter sagt zu ihrer Freundin, als sie über Erziehungsprobleme sprechen: „In einer Beziehung sind mein Mann und ich uns einig. Wenn wir uns zanken, schicken wir die Kinder immer nach draußen zum Spielen." – „Ach darum haben die auch so eine gesunde Farbe!"*

## Selbsterfahrung

Wie vieles andere haben wir auch unser Verhältnis zu Geschichten, Lebensweisheiten, Humor, Fabeln und Märchen gelernt. Wir haben gelernt, sie zu lieben, ihnen gegenüber gleichgültig zu sein oder sie abzulehnen. Einige Fragen können uns helfen, den Hintergrund unserer Einstellungen den Geschichten gegenüber durchsichtiger und verständlicher zu machen:

Wer hat Ihnen Geschichten vorgelesen und erzählt (Vater, Mutter, Geschwister, Großeltern, Tante, Kindergärtnerin usw.)?

Können Sie sich an Situationen erinnern, in denen Ihnen Geschichten erzählt wurden, wie fühlten Sie sich?

Was halten Sie von Märchen, welche Parabel, welche Erzählung fällt Ihnen spontan ein?

Wer ist Ihr Lieblingsautor?

Welche Sprichwörter und Konzepte haben für Sie die größte Bedeutung?

# Sammle die hellen Stunden
# für die dunkle Zeit des Lebens

**Der positive Schachverlierer**

*Ein Schachspieler, der sehr von seinen Fähigkeiten überzeugt war, hatte bei einem Spiel Pech gehabt. Bei drei aufeinander folgenden Spielen war er der Verlierer.*

*Am nächsten Tag traf ihn sein Freund und fragte: „Wie viele Runden habt ihr gestern Abend gespielt?" Der Schachspieler antwortete: „Drei." „Wie ist die Partie ausgegangen?" Die Antwort lautete: „Weißt du, ich habe die erste Runde nicht gewonnen, mein Gegenspieler hat die zweite Runde nicht verloren. Was die dritte Runde betrifft, so weigert er sich, diese Runde als unentschieden zu deklarieren."*

# Jede dunkle Nacht hat ein helles Ende!

38jähriger Patient mit Selbstwertproblematik und Angst vor der Zukunft; vor und nach der Behandlung

Ich kann tun was ich will

Ich bin selbständig

Auch wenn nicht alles so verlaufen ist, wie ich es mir vorgestellt hatte, war es doch schön (Fehlgeburten haben mich sehr mitgenommen) Familie ist stolz auf mich, kann sich auf mich verlassen, sie brauchten sich um nichts kümmern, werde gebraucht.

arbeitslos kann ich mich nicht mehr um meine Familie kümmern, keine Arbeit kein Geld keine Wohnung keiner glaubt mir, denke, jeder denkt, ich will mich wichtig tun, ich lüge, ich kann nicht reden, traue mich nicht mehr unter Leute und in Kaufhallen, warum lebe ich?

Ich sterbe, mein Leben ist zu Ende. Was macht meine Familie ohne mich? Was wird aus meiner Tochter? Sie braucht mich. Ich kann nicht mehr. Ich weiß nicht was ich habe. Denke, Arzt glaubt mir nicht. Mir wird gesagt, daß ich gesund bin. Habe aber trotzdem Beschwerden. Traue mich nicht mehr zum Arzt, da ich oft da war ohne Termin.

Arztwechsel, bin froh, versuche meine Beschwerden zu erzählen. Ich habe Vertrauen. Denke, Arzt denkt, ich denke mir alles aus, da ich körperlich gesund sein soll. Ich weiß nicht, wie ich meinem Zustand dem Arzt mitteilen soll. Arzt sagt, daß das eine Krankheit ist. Er sagt mir, daß ich wirklich körperliche Beschwerden habe. Ich bin erleichtert. Es wird mir geglaubt. Ich lüge nicht.

Gedanken nach Klinikaufenthalt: Hoffentlich kommt die Angst nicht wieder. Es ist schön, daß ich das Gefühl habe, daß mir geglaubt wird. Ich kann wieder reden und fange an, wieder unter Leute zu gehen.

**Ziel**
Optimismus, positive Gedanken, neue Lebensaufgaben, keine Zukunftsangst, aus jedem Tag einen schönen Tag machen, überall hingehen können ohne Angst, keine Angst vor Krankheiten, wenn ich was lese, Wieder sein wie früher. Das Gefühl haben, gebraucht zu werden.

# Dank

Die Falldarstellungen dienen einem besseren Verständnis der Theorie und Positiven Psychotherapie. Diejenigen Leser, die sich für eine systematische Darstellung der Positiven Psychotherapie interessieren, möchte ich auf meine Bücher „Positive Psychotherapie", „Psychotherapie des Alltagslebens", „Der Kaufmann und der Papagei" und „Psychosomatik und Positive Psychotherapie" hinweisen.

Ohne die Mitarbeit und Aufgeschlossenheit der Patienten, die bereitwillig ihre Zusage zur Veröffentlichung ihrer Falldarstellungen gaben, wäre das vorliegende Buch in dieser Art nicht zustande gekommen. Im Sinne der Originalität wurden die mündlichen und schriftlichen Berichte zumeist wörtlich wiedergegeben.

Meinem Mitarbeiter, Herrn Dipl.-Psychologen Hans Deidenbach, bin ich für seine kritischen Anregungen und Korrekturarbeiten sehr verbunden.

Meinen Sekretärinnen, Frau Monika Scheld und Margot Duckgeischel, danke ich für die Sorgfalt und Geduld. Mein besonderer Dank gilt dem Verlag Herder. Vor allem möchte ich allen Kolleginnen und Kollegen, Frau Dr. Regina Rettenbach, Dipl.-Psych. Hans Deidenbach, Dr. Anas Aziz, Dr. Thomas Becker, Dipl.-Psych. Adelheid Bieger, Dr. Udo Boessmann, Frau Dr. Birgit Bönhof, Dr. Claudia Christ, Dr. Wolfgang Hönmann, Dipl.-Psych. Reza Jabbarian, Dipl.-Psych. Dr. Michael Katzensteiner, Dipl.-Psych. Jutta Keller, Frau Dr. Marion Liermann, Dr. Hamid Peseschkian, Dr. Nawid Peseschkian, Manije Peseschkian, Frau Dr. Astrid Raile, Dr. Arno Remmers, Dr. Dorothee Teller, Dr. Johannes Umlauf, danken, die mir durch ihre Patienten, Diskussionen und Fragestellungen dabei geholfen haben, dieses Buch zu gestalten.

# Literatur

Abdúl-Baha: Beantwortete Fragen, Bahá'í-Verlag, 1995

Battegay, R.: Psychotherapeutische Theorie und Praxis, Vandenhoeck & Ruprecht, 2000

Benedetti, G.: Psychiatrische Aspekte des Schöpferischen und schöpferische Aspekte der Psychiatrie, Verlag für Medizinische Psychologie, Göttingen

Deidenbach, H.: Begegnung und Heilung – Psychologie und Pädagogik in biblischen Geschichten, Fischer Taschenbuch Verlag, Frankfurt am Main 1997

Freud, S.: Abriss der Psychoanalyse, G. W. Bd. XVII

Fromm, E.: Authentisch leben, Verlag Herder, Freiburg im Breisgau, 2000

Loew, Th.: Wenn die Seele den Körper leiden lässt, Trias Verlag, Stuttgart

Coelho, P.: Unterwegs, Geschichten und Gedanken, Diogenes Verlag, Zürich

Peseschkian, N.: Der Kaufmann und der Papagei – Orientalische Geschichten in der Positiven Psychotherapie, Fischer Taschenbuch Verlag, Frankfurt am Main (26. Auflage)

Peseschkian, N.: Psychotherapie des Alltagslebens, Fischer Taschenbuch Verlag, Frankfurt am Main (10. Auflage)

Peseschkian, N.: 33 und eine Form der Partnerschaft, Fischer Taschenbuch Verlag, Frankfurt am Main (10. Auflage)

Peseschkian, N., Boessmann, U.: Angst und Depression im Alltag, Fischer Taschenbuch Verlag, Frankfurt am Main (5. Auflage), 2001

Stierlin, H., Rücker-Embden, J., Wetzel, N. und Wirsching, M.: Das erste Familiengespräch, Theorie – Praxis – Beispiele, Stuttgart

# Spiritualität

Nossrat Peseschkian
**Es ist leicht, das Leben schwer zu nehmen.**
**Aber schwer, es leicht zu nehmen, / Klug ist jeder.**
**Der eine vorher, der andere nachher**
Geschichten und Lebensweisheiten
Band 5790
Nossrat Peseschkian gibt uns die Chance, die Leichtigkeit zu entdecken.

Nossrat Peseschkian
**Das Leben ist ein Paradies,**
**zu dem wir den Schlüssel finden können**
Band 7030
Weisheitsgeschichten vom Meister der Positiven Psychologie. Ein Geschenk für alle, die sich paradiesische Inseln im Alltag sichern möchten.

Marco Aldinger
**Geschichten für die kleine Erleuchtung**
Das Buch zur Bewusstseinserheiterung
Band 5785
Geschichten, die verblüffen – und zeigen: Weisheit und Humor, Witz und Einsicht gehören zusammen.

Lorenz Marti
**Wie schnürt ein Mystiker seine Schuhe?**
Die großen Fragen und der tägliche Kleinkram
Band 5687
Spiritualität – die Liebeserklärung an das ganz Gewöhnliche.
Denn der Ort für die großen Fragen des Lebens ist immer da, wo wir uns gerade befinden.

J. Francis Stroud
**Anthony de Mellos kleine Lebensschule**
Band 5853
Leicht und gelassen und wie geschaffen für den Alltag: die Lehren eines spirituellen Meisters und großen Geschichtenerzählers.

**HERDER spektrum**